NaturDetektive
Bundesamt für Naturschutz

Steine
Minerale + Fossilien

Dipl.-Mineralogin Martina Rüter

Sonderausgabe

Text: Dipl.-Mineralogin Martina Rüter
Abbildungen: siehe Bildnachweis Seite 80
Illustrationen (Sonderseiten/Ausmalbilder): Doris Oppenauer
Titelabbildungen: www.fotolia.de: Daniel Ehrhardt (r.); styf (u.); Klara Viskova (o., h.)/
iStockphoto.com: Olaf Schmitz (l.)
Gestaltung: ekh Werbeagentur GbR
Umschlaggestaltung: ekh Werbeagentur GbR

ISBN 978-3-8174-8400-3
2011 2012 2013 2014 2015 10 9 8 7 6 5 4 3 2

Hallo an alle großen und kleinen Naturdetektive!

Mit diesem Buch könnt ihr die Schätze des Untergrunds unter euren Füßen kennenlernen: Gesteine, Minerale und Fossilien. Werdet zu Entdeckern und Forschern in eurer Umgebung und unterwegs! Ob in der Stadt, im Park oder im Wald: Überall gibt es interessante Fundstücke aus der festen Erdkruste zu entdecken – entweder im Naturzustand oder aber von den Menschen genutzt und verändert.

Habt ihr nicht auch schon oft überlegt: Was ist das eigentlich für ein Stein, der dort herumliegt und unter dem sich die Blindschleiche verkrochen hat? Aus welchem Material ist dieses Haus, diese Statue oder jener Brunnen in der Stadt gebaut worden? Warum sind manche Steine und Minerale so hart und kalt und andere so löchrig und eher warm? Wieso glitzern und schimmern die einen in der Sonne und wieder andere überhaupt nicht?

Dieses Buch verrät euch nicht nur alles Mögliche über Steine, Minerale und Fossilien und darüber, wie diese aussehen, wie sie entstanden sind und wofür wir Menschen sie heute nutzen können. Ihr erfahrt auch, wie ihr selbst Salzkristalle züchten, für eure Gesteinsfundstücke und Minerale schicke Sammelkästen bauen oder sogar eigene Fossilien herstellen könnt.

Zudem findet ihr natürlich auch viele Tipps und Informationen darüber, was ihr für eure Ausflüge und Expeditionen benötigt, wenn ihr auf Gesteins-, Mineral- und Fossiliensuche gehen wollt. Am Ende des Buches könnt ihr noch einmal die wichtigsten Begriffe nachschlagen und in einem kurzen Naturquiz euer neu erlerntes Wissen testen.

Euer Rolf Emmermann
Präsident der GeoUnion

PS: Noch mehr Spiele, Naturerforschungstipps und Wettbewerbe, bei denen es auch tolle Preise zu gewinnen gibt, findet ihr im Internet unter www.naturdetektive.de, einem Projekt des Bundesamtes für Naturschutz.

Inhalt

Extras

Einführung

Was ist das für ein Stein? Wie ist er entstanden? Welche Eigenschaften hat er und wozu wird er verwendet? Steine findest du überall: an historischen Gebäuden, als Schieferdächer, als Grabsteine und natürlich in der Natur.

Mit etwas Glück wirst du bald eine ansehnliche Sammlung haben.

Gesteine bestehen aus einer oder mehreren Mineralarten. Minerale kommen jedoch nicht nur als Mineralgemische mit unterschiedlicher Körnung (fein- bis grobkörnig) in den verschiedenen Gesteinen vor. Sie können auch frei gewachsen sein wie ein Bergkristall. Manchmal finden sich in der Erde auch Reste und Spuren von Pflanzen oder Tieren, die gestorben oder sogar bereits ausgestorben sind. Sie nennt man Fossilien.

Steine findest du natürlich oft in der Natur.

Natürlich kommen nicht alle Steine, Minerale und Fossilien in deiner Umgebung vor – und ein bisschen Glück gehört beim Suchen ja auch immer dazu! Ausgefallene Stücke findest du auf Mineralienbörsen, an Ständen auf Kunsthandwerks- oder Weihnachtsmärkten und manchmal auch auf dem Flohmarkt.

Frag doch einmal im Baustoffhandel oder bei einem Steinmetz nach. Oft gibt es dort eine Kiste mit Steinresten, aus der man dir vielleicht günstig oder gar umsonst ein paar Stücke abgibt.

Welche Steine gibt es?

Unsere Erde entstand vor rund 4,6 Milliarden Jahren und hat sich seitdem immer wieder stark verändert. Dort wo heute Meere sind, waren früher Wüsten und umgekehrt. Eiszeiten kamen und gingen. Gebirge türmten sich durch zusammengedrücktes Gesteinsmaterial auf und wurden im Laufe der Zeit durch Wind und Wetter wieder abgetragen. Das Ganze ist ein ständiger Kreislauf. Abhängig von ihrer Entstehung unterscheidet man drei Gesteinsgruppen: Erstarrungs-, Ablagerungs- und Umwandlungsgesteine.

Die Erde hat sich immer wieder verändert.

Erstarrungsgesteine

Erstarrungsgesteine – magmatische Gesteine in der Fachsprache – entstehen durch Abkühlung und Verfestigung von flüssigen Gesteinsschmelzen, die der Geologe Magma nennt. Gelangt das Magma bis an die Erdoberfläche, heißt es Lava und die daraus entstehenden festen Produkte heißen vulkanische Gesteine oder Ergussgesteine. Ein Beispiel ist Basalt. Erstarrungsgesteine können aber auch in großen Erdtiefen aus dem heißen Magma gebildet werden. Man nennt sie dann plutonische Gesteine oder Tiefengesteine. Sie gelangen später durch Heraushebung und Abtragung der Erdschichten an die Oberfläche. Granit ist so entstanden.

Heißes Magma dringt aus einem Vulkan und fließt als Lava hinab.

Ablagerungsgesteine

Starke Sonneneinstrahlung macht Steine auf Dauer brüchig. Der Wind weht leichte Teile weg und auch das Regenwasser, Bäche und Flüsse nehmen stets Minerale und Gesteinsbruchstücke ein Stück mit sich. Dieses Material lagert sich dann an einer anderen Stelle wieder ab – als Ton, Sand und Kies, die sogenannten Sedimente, aus denen sich im Laufe der Zeit die festen Sedimentgesteine (Ablagerungsgesteine) bilden.

Sedimente finden sich oft an Flussufern.

Umwandlungsgesteine
Die dritte Gruppe der Gesteine nennt man Umwandlungsgesteine oder auch metamorphe Gesteine, da sie ihre Struktur und ihren ursprünglichen Mineralbestand verändert haben; sie sind umgewandelt worden. Ähnlich wie durch Metamorphose aus einer Raupe ein Schmetterling wird, entstehen Umwandlungsgesteine aus magmatischen oder Sedimentgesteinen, wenn diese durch Verschiebungen der Erdschichten in größere Tiefen gelangen. Dort herrschen hohe Temperaturen und Drücke, durch die die Gesteine verändert werden. Auf diesem Weg entsteht beispielsweise aus Kalkstein Marmor.

Marmor zählt zu den sogenannten Umwandlungsgesteinen.

Willst du ein echter Naturdetektiv werden?

Dann informiere dich auch im Internet unter www.naturdetektive.de. Dort findest du Hinweise zum Projekt „Naturdetektive" des Bundesamtes für Naturschutz und viele spannende Auskünfte über unsere heimische Tier- und Pflanzenwelt. Mach mit und erkunde die Natur!

NaturDetektive
Bundesamt für Naturschutz

Welche Eigenschaften haben Minerale?

Minerale sind die Bestandteile der Gesteine. Unterschiedliche Mineralarten bilden unterschiedliche Gesteine. Manche Gesteine bestehen auch nur aus einem einzigen Mineral, zum Beispiel Quarzit. Er setzt sich fast ausschließlich aus Quarz zusammen.

In Hohlräumen können sich die Minerale frei entfalten. So bilden sich Kristalle mit schönen Wachstumsflächen. Minerale besitzen unterschiedliche Eigenschaften, an denen du sie erkennen kannst.

Minerale haben die unterschiedlichsten Farben, Formen und chemischen Eigenschaften.

Dazu zählen: Farbe, Glanz, Strichfarbe, Härte, das spezifische Gewicht (Dichte) und – natürlich – die chemische Zusammensetzung.

Mit Farbe und Glanz ist ihr tatsächliches Aussehen gemeint. Die Strichfarbe hingegen bezieht sich auf die Farbe des Mineralpulvers. Reibst du ein Mineral auf der Rückseite einer Fliese (Wandkachel), so hinterlässt das Mineral einen farbigen Strich, der von der eigentlichen Farbe des Minerals abweichen kann. So ist der Strich des goldglänzenden Katzengolds (Pyrit) schwarz.

Auch die Härte eines Minerals lässt sich leicht durch Ritzen mit bestimmten Gegenständen feststellen. Grundlage hierfür ist die Mohs'sche Härteskala. Sie beginnt mit den beiden weichsten Mineralen, dem Talk (Härte 1) und dem Gips (Härte 2). Beide kannst du mit dem Fingernagel ritzen, der eine Härte von etwa 2,5 hat. Lässt sich demnach ein Mineral mit dem Fingernagel einritzen, so ist seine Härte geringer als 2,5.

Kalzit besitzt die Härte 3 und lässt sich mit einer Kupfermünze ritzen. Fluorit (Härte 4) und Apatit (Härte 5) lassen sich mit einer Glasscherbe ritzen. Um einen Feldspat (Härte 6) zu ritzen, benötigst du ein Taschenmesser mit einer Stahlklinge.

Jedes Mineral hat eine bestimmte Härte, die untersucht werden kann.

Quarz (Härte 7) und Topas (Härte 8) lassen sich mit einer Sandblattfeile zerkratzen. Am härtesten sind Korund mit einer Härte von 9 und Diamant mit der Härte 10.

Was sind Fossilien?

Fossilien sind alle Reste oder Lebensspuren toter Pflanzen und Tiere. Neben versteinerten Knochen, Zähnen oder Krallen gibt es Abdrücke von Pflanzen und Tieren wie Fischen, Muscheln, Schalen und anderen Gehäusen. Manchmal wurden auch ganze Schneckenhäuser oder Holzstücke versteinert. Auch Fußabdrücke, versteinerte Eier oder gar Kothäufchen gehören dazu.

Ein versteinerter Fisch

Steine, Minerale und Fossilien sammeln

Wenn du Steine, Minerale und Fossilien sammeln möchtest, brauchst du eine Schutzbrille, Arbeitshandschuhe, Hammer, Spaten, Meißel, Spachtel, Pinsel, ein Taschenmesser und eine Lupe.

Als Hobbygeologe benötigst du unter anderem Hammer und Meißel.

Außerdem benötigst du Stift und Papier zum Notieren der Fundorte sowie Zeitungspapier und Plastiktüten zum Verpacken deiner Fundstücke. Denk auch an wetterfeste Kleidung, festes Schuhwerk, Sonnenschutz und Verpflegung. In Steinbrüchen oder unter der Erde brauchst du zusätzlich einen Schutzhelm!

Nimm zu Ausflügen in die Natur zur Sicherheit am besten immer einen Erwachsenen mit.

Hast du einen Fund gemacht, kannst du den Stein mithilfe dieses Buches schnell bestimmen.

Wenn du einen Fund gemacht hast, schaust du ihn dir genau an, machst die Strichprobe und den Härtetest und vergleichst deine Ergebnisse mit den Angaben der Steine, Minerale und Fossilien in diesem Buch. Zum Aufbewahren deiner Fundstücke bastelst du dir Sammelkästen (siehe Seite 22).

Beim Auffinden von Mineralen und Fossilien benötigst du allerdings auch immer eine Portion Glück. Solltest du nicht so viele finden, züchte dir einfach selbst Kristalle (siehe Seite 40) und erstelle dir deine eigenen Fossilabdrücke (siehe Seite 67).

Mit etwas Glück findest du auch besondere Exemplare.

Steine

Granit

Gesteinsart: Tiefengestein
Farbe: hellgrau bis grau, gelblich, rötlich
Körnung: mittel- bis meist grobkörnig

Merkmale

Der Granit setzt sich aus den hellen Mineralarten Feldspat und Quarz sowie dem dunklen Glimmer (Biotit) zusammen. Diese Bestandteile lassen sich fast immer mit bloßem Auge gut erkennen.

Die Markgrafensteine in den Rauener Bergen (Oder-Spree-Kreis) sind aus Granit und ein beliebtes Ausflugsziel.

Die Gesteinsoberfläche ist meist rau und zerklüftet. Granit ist durch langsame Abkühlung von Magma in großer Erdtiefe entstanden, wobei die einzelnen Minerale unterschiedlich schnell auskristallisiert sind.

Granit wird oft als Pflasterstein verwendet.

Fundorte

Granite gehören zu den häufigsten Gesteinen innerhalb der Erdkruste. Es gibt sie auf allen Kontinenten. In Europa findest du Granite unter anderem hier: Schwarzwald, Odenwald, Harz, Fichtelgebirge, Bayerischer Wald, Erzgebirge, Alpen, Vogesen, Schweden, Finnland.

Verwendung

Granit ist sehr hart und hält Wind und Wetter gut stand. Deshalb setzt man ihn häufig im Straßenbau als Pflaster- oder Bordstein ein. Auch Grabsteine sind oft aus Granit gefertigt. Poliert verwendet man ihn zum Beispiel für Fensterbänke oder Tischplatten.

Merke!

Granit =
Feldspat, Quarz und Glimmer,
die drei vergess' ich nimmer.

Gabbro

Merkmale

Gabbros entstanden im Erdinneren und enthalten vor allem dunkelfarbige Minerale wie Pyroxene (Augit) und Olivine. Bei den hellen Bestandteilen handelt es sich meist um Feldspat. Die Minerale im Gabbro sind meist deutlich kleiner als im Granit.

Gesteinsart: Tiefengestein
Farbe: dunkelgrau bis schwarz, gelegentlich auch grünlich
Körnung: fein- bis (gelegentlich) grobkörnig

Fundorte

Gabbros bilden sich durch langsames Abkühlen von Magma tief unter der Erdoberfläche. In Deutschland findest du Gabbros im Harz und im Odenwald. Darüber hinaus kommen sie in Südafrika und Indien vor. Der deutsche Geologe Christian Leopold von Buch (1774–1853) benannte das Gestein nach einem Ort in der Toskana (Italien).

Verwendung

Ähnlich wie Granit ist auch der Gabbro sehr hart und vor allem verwitterungsbeständig, weshalb man ihn als Straßen- oder Bahnschotter, aber auch als Werkstein für Gebäude verwendet. Poliert findest du Gabbros häufig auch als Grabsteine auf dem Friedhof.

Achtung!

Gabbros und Granite ähneln einander sehr. Meist sind die Gabbros jedoch deutlich dunkler und lassen sich so von Graniten unterscheiden.

Gabbro kommt oft als Schotter bei Bahngleisen zum Einsatz.

Quarzdiorit

Gesteinsart: Tiefengestein
Farbe: mittelgrau, grünlich grau bis schwarzgrau
Körnung: fein- bis mittelkörnig

Merkmale

Der Quarzdiorit steht in seiner Mineralzusammensetzung zwischen dem Granit und dem Gabbro. Die hellen Minerale sind überwiegend Feldspäte sowie etwas Quarz. Bei den dunklen handelt es sich um Amphibole (Hornblende), Pyroxene (Augit) und Glimmer (Biotit).

Ein Quarzdiorit-Findling

Fundorte

Ebenso wie Granite und Gabbros entstehen auch Diorite durch langsames Abkühlen heißer Gesteinsschmelze (Magma) in größeren Tiefen der Erdkruste. In Deutschland findest du Quarzdiorite im Bayerischen Wald, Harz, Odenwald und Schwarzwald. Auch in Finnland, Schottland und an vielen anderen Orten der Erde gibt es Quarzdiorite.

Verwendung

Quarzdiorite sind ähnlich hart wie Granite und Gabbros und werden deshalb ebenfalls als Schotter oder Bausteine verwendet.

Kugeldiorit

Auf Korsika gibt es Quarzdiorite, die kugelförmige Strukturen aufweisen. Diese „Kugeldiorite“ werden poliert und dann zum Beispiel für dekorative Tischplatten verwendet.

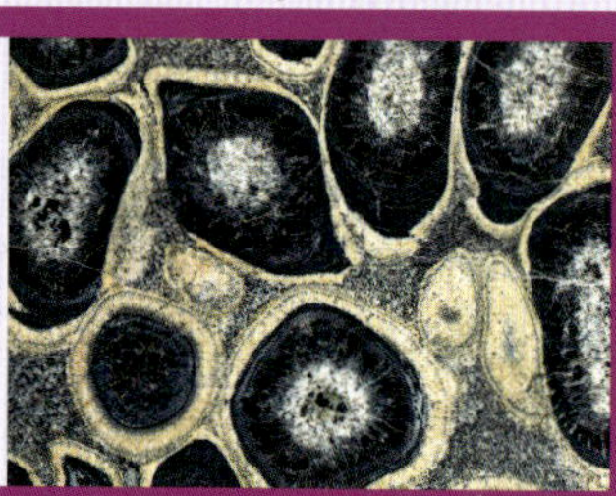

Kugeldiorite haben im Inneren ein besonderes Muster.

Basalt

Gesteinsart: Ergussgestein
Farbe: dunkelgrau bis schwarz
Körnung: feinkörnig

Merkmale

Basalte sind vulkanische Gesteine. Sie entstehen, wenn dünnflüssige Lava an der Erdoberfläche sehr rasch abkühlt, sodass die Kristalle nur wenig Zeit zum Wachsen haben. Basalte sind deshalb häufig feinkörnig. Dort, wo sich Löcher im Basalt finden, saßen früher einmal kleine Olivinkristalle.

Glatt poliert ist Basalt besonders schön.

Fundorte

In Deutschland findest du Basalte in der Eifel, im Westerwald, am Vogelsberg und im Fichtelgebirge. Weitere Fundorte sind unter anderem Island, Irland, Schottland, Frankreich und die Kanarischen Inseln.

Säulenbasalt

Wenn Lava nicht an der freien Erdoberfläche erstarrt, sondern durch den Kontakt mit einem kalten Nebengestein, können sich sehr schöne sechseckige Gesteinssäulen bilden. Schöne Basaltsäulen gibt es zum Beispiel in der Eifel, an der Burg Stolpen (Sachsen) und in Irland.

Sechseckige Basaltsäulen in Irland

Verwendung

Basalte werden als Straßenschotter und Bausteine sowie für Grab- und Denkmäler verwendet.

Trachyt

Merkmale

Der Trachyt besitzt eine raue Oberfläche. Das vulkanische Gestein entstand nahe der Erdoberfläche durch eine recht schnelle Abkühlung des Magmas. Dabei entwichen die in der Gesteinsschmelze enthaltenen Gase, wodurch viele Hohlräume zurückblieben. Trachyt besteht hauptsächlich aus Feldspäten. Daneben finden sich Quarz und Glimmer (Muskovit) in dem Ergussgestein.

Fundorte

Trachyt gibt es im Westerwald, im Siebengebirge und in der Eifel, in Frankreich, Italien, Ungarn und auf Hawaii.

Verwendung

Bereits die Römer bauten den Trachyt am Drachenfels im Siebengebirge ab. Im Mittelalter war dieser Trachyt einer der wichtigsten Bausteine. Das Gestein ist sehr hart und hält Wind und Wetter – insbesondere Frost – stand. Deshalb wird es sowohl innen als auch außen eingesetzt. Trachyt wird für Kirchen, Fußböden und in Gärten verwendet.

Schon gewusst?

Der Name Trachyt leitet sich von dem griechischen Wort „trachys“ für „rau“ ab.

Auch die Burgruine auf dem Drachenfels im Siebengebirge ist aus Trachyt.

Stricklava

Merkmale

Stricklava erkennst du an der runzligen, fladenförmigen Oberfläche. Oft sieht Lava so aus, als würde sie noch immer fließen – nur dass der Fluss gewissermaßen eingefroren ist. Das liegt daran, dass die heiße Lava, die aus Vulkanen austritt, an der Oberfläche durch die kühle Luft erstarrt, während der flüssige Lavastrom darunter weiterfließt. Ergießt sich heiße Lava am Meeresboden, so bilden sich schlauchartige Formen, die Kissenlava.

Probiers aus!

Bimsstein ist ebenfalls ein Vulkangestein und enthält durch einen ehemals hohen Gasgehalt der Schmelze so viele Poren, dass er leicht ist und sogar auf dem Wasser schwimmt. Du kennst ihn bestimmt aus dem Badezimmer, wo er zum Abrubbeln von Hornhaut an den Füßen dient.

Lava tritt aus und erkaltet.

Fundorte

Lava findest du überall dort, wo es Vulkanismus gibt oder gab. In Deutschland zum Beispiel in der Eifel. Auch die Kanarischen Inseln und Hawaii sind aus einem Vulkan entstanden. Aktive Vulkane gibt es in Italien, auf Island und Hawaii.

Verwendung

Zermahlene Lava wird Blumenerde untergemischt, da sie den Boden auflockert und reich an Mineralstoffen wie Natrium, Magnesium und Kalzium ist. Als Streugut vermindern Lavasteinchen die Rutschgefahr auf Schnee und Eis.

Der Bimsstein ist wie die Lava ein Vulkangestein.

Obsidian

Gesteinsart: Ergussgestein
Farbe: schwarz bis dunkelgrün
Körnung: keine

Merkmale

Der zumeist schwarze, glänzende Obsidian sieht eher wie ein Mineral aus. Tatsächlich handelt es sich aber um ein vulkanisches Glas. Es entsteht, wenn zähe Lava sehr schnell abkühlt.

Ein Schneeflocken-Obsidian hat weiße Flecken.

Obsidiane weisen wenige Kristalle auf. Ihre Oberfläche ist sehr glatt. Bruchstücke des Gesteinsglases besitzen meist scharfe Kanten. Obsidiane haben eine Härte von 5. Sie enthalten normalerweise nur wenige Einschlüsse. Manchmal finden sich darin jedoch runde Formen aus weißem Feldspat und Quarz. Dann nennt man sie Schneeflocken-Obsidiane.

Schon gewusst?

Bereits in der Steinzeit verarbeiteten die Menschen Obsidiane zu Werkzeugen zum Schneiden und Ritzen sowie zu Pfeilspitzen.

Fundorte

Obsidian gibt es unter anderem in Italien (Liparische Inseln), Ungarn, Island, Japan, der Türkei oder den USA.

Verwendung

Als Schmuckstein ist der Obsidian sehr beliebt. Auch Skulpturen und andere Kunstgegenstände werden aus Obsidian gefertigt.

Eine Speerspitze aus Obsidian

Sandstein

Gesteinsart: Ablagerungsgestein
Farbe: weißgrau, gelb, rot, violett
Körnung: fein- bis mittelkörnig

Merkmale

Der Sand am Meeresstrand besteht aus unzähligen Quarzkörnern. Die Körner sind etwa zwischen 0,06 und zwei Millimeter groß. Du kannst sie mit der Lupe gut betrachten. Wird der lockere Sand einmal fest und verbinden sich die Quarzkörner, so entsteht aus dem Sand Sandstein.

Sandstein wird in Steinbrüchen abgebaut.

Oft werden die Quarzkörner in eine Masse aus Ton oder Kalk eingebettet. Man spricht dann von Ton- oder Kalksandstein. An weiteren Mineralen finden sich im Sandstein Glimmer (Muskovit) und Feldspäte. Ein Sandstein kann relativ weich, aber auch sehr fest sein.

Sandstein ist ein gutes Baumaterial.

Fundorte

Sandstein ist weit verbreitet. In Deutschland ist er zum Beispiel in den Buntsandsteingebieten – Nordschwarzwald, Pfälzer Wald oder Spessart – und im Elbsandsteingebirge zu finden.

Verwendung

Sandstein wird als Baustoff verwendet. Viele alte Burgen und Kirchen sind daraus gebaut. Und auch Bildhauer verwenden Sandsteine für Skulpturen. Aus Quarzsand stellt man Glas für Trink- und Fenstergläser her.

Tonstein

Gesteinsart: Ablagerungsgestein
Farbe: dunkelgrau, schwarz, rot und grünlich
Körnung: sehr feinkörnig

Merkmale

Tonsteine entstehen, wenn Schlamm oder Schlick verhärtet. Sie bestehen aus sehr feinen Tonmineralen mit Durchmessern von weniger als zwei Mikrometern (0,002 Millimetern). Diese Körner sind so fein, dass du sie selbst mit der Lupe nicht erkennen könntest. Feuchter Ton fühlt sich schmierig zwischen den Fingern an. Wenn der trockene Tonstein geschichtet ist und durch leichten Druck zwischen den Fingern in dünne Blättchen zerbröselt, nennt man ihn Schieferton. Weitere Bestandteile im Ton sind Quarz, Feldspat oder Kalzit.

Fundorte

Tonsteine sind weit verbreitet, häufig in Niederungen und Senken (Oberrheingraben, Wiener Becken). Bedeutende Tonlagerstätten sind im Westerwald und in der Oberpfalz.

Verwendung

Nassen Ton kannst du gut kneten und formen. Trocknet der Ton oder wird er gar in einem Brennofen gebrannt, so wird er hart. Deshalb kannst du daraus zum Beispiel Gefäße wie Töpfe, Schalen und Vasen töpfern. Das hast du bestimmt auch schon im Werkunterricht in der Schule ausprobiert. In der Industrie werden aus Tonsteinen auch Ziegelsteine und Keramiken (Porzellan) hergestellt.

Aus nassem Tonstein lassen sich tolle Dinge formen.

Kalkstein

Gesteinsart: Ablagerungsgestein
Farbe: weiß, grau, gelblich, rötlich
Körnung: sehr feinkörnig

Merkmale

Kalkstein besteht überwiegend aus dem Mineral Kalzit. Er entsteht zum Beispiel im Meer aus den Überresten toter Kleinstlebewesen (Mikroorganismen). Diese fallen zum Meeresboden und sammeln sich dort an. Die kalkigen Hartteile wie Schalen, Schneckenhäuser, Korallen und so weiter liefern den Kalk und werden mit der Zeit zu einem Gestein, dem Kalkstein, verfestigt. Deshalb kannst du auch so häufig Fossilien in Kalksteinen entdecken.

Fundorte

Kalksteine sind sehr häufig. In Deutschland findest du sie unter anderem im Muschelkalk in Norddeutschland, auf der Schwäbischen Alb und in den Kalkalpen. An der Südostküste von Großbritannien türmen sich die kalkigen Kreidefelsen von Dover auf. Die Klippen sind bis zu 106 Meter hoch und aus purem Kalk.

Verwendung

Kalksteine sind ein wichtiger Baustoff. Man verwendet sie entweder direkt als Bruchsteine oder gebrannt und gemahlen (als Zement). Naturkalk ist auch ein gern verwendeter Dünger. Denn Kalk verbessert insbesondere saure Böden.

Kalkstein ist weiß bis grau gefärbt und sehr feinkörnig.

Kalkstein ist ein beliebtes Baumaterial.

Sammelkästen basteln

Wenn du von deiner Expedition in die Natur zurückkommst, bringst du bestimmt viele Steine, Minerale und Fossilien mit. Damit deine Funde nicht in irgendeiner Schublade landen und in Vergessenheit geraten, kannst du dir Sammelkästen basteln, um sie ordentlich aufzubewahren und bei Gelegenheit deinen Freunden und Verwandten zu zeigen.

Dazu benötigst du:

2–3 Schuhkartons mit Deckel, farbiges Tonpapier, Lineal, Stift, Papier, Schere, Watte, Etiketten, Klebstoff, eventuell durchsichtiges Klebeband

Und so gehts

Jedes Fundstück bekommt ein eigenes, auf seine Größe zugeschnittenes Schächtelchen. Dazu misst du mit dem Lineal die Breite, Länge und Höhe des Steins, Minerals oder Fossils. Notiere dir die drei Werte am besten auf einem Blatt Papier.

Nun zeichnest du mit einem Bleistift die Umrisse für deine Faltschachtel entsprechend der Abbildung auf das Tonpapier. Schneide dann den Umriss der Schachtel aus. Zuletzt schneidest du entlang der gestrichelten Linie die Ränder ein.

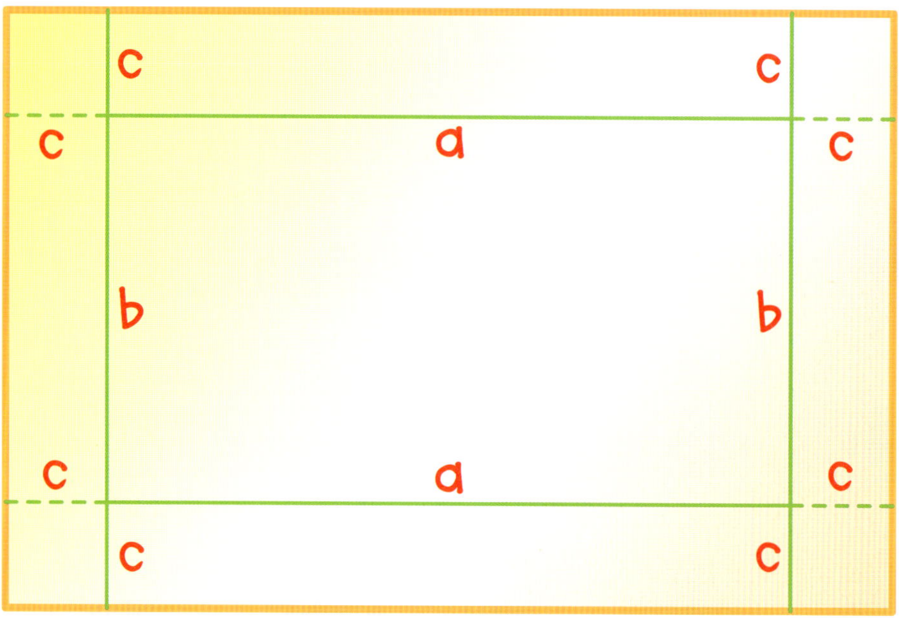

a = Länge, b = Breite, c = Höhe, - - - = Einschneiden, —— = Faltlinie

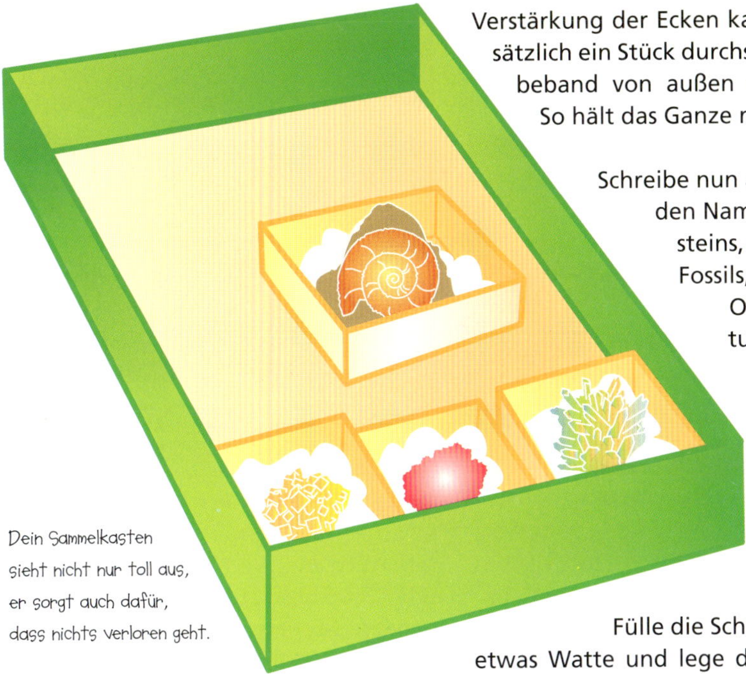

Dein Sammelkasten sieht nicht nur toll aus, er sorgt auch dafür, dass nichts verloren geht.

Dann klappst du die Ränder entlang der Faltlinien hoch und klebst die vier Ecken mithilfe von Klebstoff fest. Zur Verstärkung der Ecken kannst du zusätzlich ein Stück durchsichtiges Klebeband von außen darumkleben. So hält das Ganze noch besser.

Schreibe nun auf ein Etikett den Namen deines Gesteins, Minerals oder Fossils, den genauen Ort und das Datum, an dem du es gefunden hast. Klebe das Etikett auf den äußeren Boden deiner Schachtel.

Fülle die Schachtel nun mit etwas Watte und lege dein Fundstück hinein. Das Ganze stellst du in einen Schuhkarton zusammen mit weiteren Fundstückschächtelchen. Und schon ist deine Sammelkiste fertig.

Wohin mit den gesammelten Schätzen?

Hinweis

Für manche Minerale, zum Beispiel Halit (Steinsalz), benötigst du ein Kästchen mit Deckel, damit das Mineral nicht mit dem Wasser der Luft (Luftfeuchtigkeit) reagiert und sich verändert. Verwende zur Aufbewahrung solcher Fundstücke beispielsweise leere Cremedosen oder Schachteln aus Kunststoff.

Kies

Gesteinsart: kann jedes Festgestein sein
Farbe: grau, weiß, bläulich, rötlich, gelblich, bräunlich
Körnung: feinkörnig

Durch den Transport im Wasser werden die Kieselsteine rund und glatt.

Merkmale

Kies oder Kieselsteine sind kleine, rundliche Steine, die sich in Fluss- oder Bachbetten sammeln. Sie werden vom Wasser mitgerissen. Ihre scharfen Kanten werden beim Transport durch das Gewässer abgeschliffen, sodass sie schön rund und glatt werden.

Kies gibt es in den unterschiedlichsten Farben, Formen und Größen.

Je nach Größe unterscheidet man zwischen Feinkies (zwei bis sechs Millimeter), Mittelkies (sechs bis 20 Millimeter) und Grobkies (20 bis 60 Millimeter). Größere Gesteine nennt man Geröll.

Fundorte

Kies findest du an den Ufern von Flüssen und Bächen und an einigen Stränden.

Verwendung

Kies braucht man zum Mischen von Beton, denn dieser ist eine Mischung aus Zement, Sand, Kies und Wasser. Aus Beton baut man wiederum zum Beispiel Kellerwände, Fundamente für Gebäude oder Staumauern.

Probiers aus!

Fülle Vogelsand und Kieselsteine in ein Gurkenglas und verschließe es mit dem Deckel. Nun schüttle alles kräftig durch: Nicht die schweren Kiesel sammeln sich am Grund, sondern der feinkörnige Sand!

Kaolin

Merkmale

Kaolin, auch Porzellanerde genannt, ist ein weißes, weiches Gestein, das hauptsächlich aus dem Tonmineral Kaolinit besteht. Kaolinit entsteht, wenn Feldspat durch den Einfluss von Sonne, Wind und Wasser chemisch umgewandelt wird. Kaolin zerbröselt ganz leicht zwischen deinen Fingern.

Gesteinsart: Ablagerungsgestein
Farbe: weißlich grau
Körnung: sehr feinkörnig

Fundorte

Reines Kaolin kommt in der Natur nur selten vor. Einige der weltweiten Vorkommen liegen in Deutschland, Frankreich, England, den USA, Südamerika, Japan, China, Indien und auf den Philippinen. In Deutschland wird Kaolin in Hirschau in der Oberpfalz, Lohrheim im Taunus und an mehreren Orten im Westerwald abgebaut.

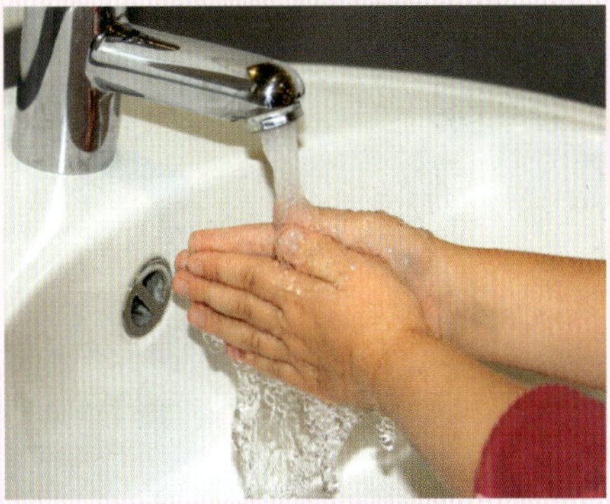

Kaolin wird zur Herstellung von Waschbecken verwendet.

Verwendung

Kaolin wird bei der Herstellung von Papier verwendet, da es weich und formbar ist. Außerdem ist es der wesentliche Rohstoff für Porzellan, Töpferwaren und Keramiken. So braucht man es unter anderem für Sanitärkeramiken, zum Beispiel WC-Schüsseln, Badewannen und Waschtische. Außerdem wird es zur Herstellung des bekannten Meißener Porzellans benötigt.

In Deutschland wird Kaolin zum Beispiel in der Oberpfalz abgebaut.

Kohle

Merkmale

Kohle entsteht aus abgestorbenem Pflanzenmaterial. Den Prozess, der zur Bildung von Kohle führt, nennt man Inkohlung. Dort wo man heute Kohle abbaut, standen vor Millionen Jahren dichte Wälder. Als die Bäume starben, versanken sie im Sumpf und wurden allmählich zu Torf.

Braunkohlebriketts

Im Laufe der Jahrtausende lagerte sich darauf immer mehr Material ab und drückte auf die Torfschicht. Durch diesen hohen Druck entstand zunächst Braunkohle. Nach noch mehr Zeit wurde daraus Steinkohle. Verstärkt sich der Druck noch weiter, entstehen Anthrazit und in einigen Fällen schließlich sogar Grafit.

Fundorte

Braunkohle wird in Deutschland vor allem in drei Regionen abgebaut: in der Niederrheinischen Bucht, im Mitteldeutschen und im Lausitzer Revier. Steinkohle wird bei uns noch im Saarland und im Ruhrgebiet gefördert. Dort gibt es auch viele stillgelegte Zechen (Steinkohlebergwerke), die du besichtigen kannst.

Gesteinsart: organisches Ablagerungsgestein
Farbe: schwarz, dunkelbraun
Körnung: fein- bis mittelkörnig

Verwendung

Kohle ist eine wichtige Energiequelle. Durch Verbrennung werden Strom und Wärme erzeugt. Gleichzeitig wird aber auch das Gas Kohlenstoffdioxid frei, welches zur Erderwärmung beiträgt. Bei dem Brennstoff Kohle spricht man auch von einem fossilen Brennstoff.

Schon gewusst?

Steinkohle bezeichnet man auch als das „Schwarze Gold“, da sie seit jeher ein kostbarer Brennstoff ist.

Kohle zählt zu den fossilen Brennstoffen.

Feuerstein

Gesteinsart: Ablagerungsgestein
Farbe: vielfältig gefärbt, oft weißlich, grau, bräunlich, blaugrau bis schwarz
Körnung: feinkörnig

Merkmale

Feuerstein beziehungsweise Flint besteht aus dem Mineral Chalzedon. Chalzedon wiederum ist eine besondere Form des Quarzes. Außen besitzt der Feuerstein oft eine weiße „Schale" (Feuersteinknollen). Spaltest du ihn, so ist der Bruch scharfkantig. Entstanden sind die Feuersteine durch Zusammenbacken und Umformen der Reste von Kieselalgen.

Bereits in der Steinzeit wurde Feuerstein verwendet – als Pfeilspitzen.

Fundorte

Feuersteine findest du in Norddeutschland, auf Rügen, auf der Insel Mön in Dänemark und auch bei Dover in Großbritannien.

Feuer!

Schlägt man mit einem Feuerstein gegen Pyrit oder ein Stück Eisen, so lässt sich – mit etwas Glück – ein Funke erzeugen. Doch Vorsicht! Trag eine Schutzbrille und Handschuhe, damit du dich nicht verletzt.

Verwendung

Feuerstein diente in der Steinzeit aufgrund der Härte und der scharfen Schlagkanten als wichtiges Rohmaterial für Werkzeuge und Waffen (zum Beispiel Pfeilspitzen). Heute spielt er als Rohstoff eine untergeordnete Rolle.

So wird er beispielsweise in zermahlener Form dem Asphalt zugemischt, um die reflektierenden Eigenschaften von Straßenbelägen zu verbessern. Asphalt spiegelt nämlich das Licht der Sonne, von Autoscheinwerfern und so weiter sehr stark. Das Feuersteinpulver verringert dieses Zurückwerfen des Lichts und sorgt so für eine sichere Fahrt. Fein gemahlen dient er wegen seiner Härte von 7 übrigens auch als Schleifmittel.

Besonders häufig findet man Feuersteine an den Stränden der Insel Rügen.

Marmor

Gesteinsart: Umwandlungsgestein
Farbe: meist weiß bis grau, alle Farben möglich
Körnung: fein- bis grobkörnig

Merkmale

Das bekannteste Umwandlungsgestein ist wohl der Marmor, der an seiner typischen Marmorierung gut zu erkennen ist. Der gemaserte, gefleckte oder gestreifte Marmor entstand aus Kalkstein. Zu seinen Hauptbestandteilen gehört Kalzit, sodass er relativ weich ist (Härte 3) und sich gut bearbeiten lässt.

Fundorte

Marmor findet sich in Deutschland im Fichtelgebirge, in Österreich, der Schweiz, Italien, England, Frankreich, Spanien und Griechenland. Eine bedeutende Marmorsorte ist der Carraramarmor aus Italien.

Besonders edler Marmor stammt aus Carrara in Italien.

Verwendung

Säulen, Treppen und Statuen aus Marmor gibt es häufig in Kirchen und historischen Gebäuden. Viele Brunnen sind ebenfalls aus Marmor gefertigt oder damit verziert. Marmor wird aber auch gern für Tischplatten und Fliesen verwendet.

Marmor hat eine typische Musterung.

Schon gewusst?

Bereits in der griechischen Antike war Marmor sehr beliebt. Viele Bauwerke und Plastiken aus dieser Zeit, zum Beispiel die Akropolis, eine riesige Stadtfestung in Athen, sind aus Marmor.

Gneis

Merkmale
Gneis ist ähnlich aufgebaut wie Granit, besteht also hauptsächlich aus Quarz, Feldspat und Glimmer (Biotit).

Wie für viele Umwandlungsgesteine typisch, verfügen Gneise meist über eine Bänderung, die deutlich zu erkennen ist. Man spricht dann auch von einem gebänderten Gneis. Diese Bänder verlaufen entweder gerade oder in Wellen. Handelt es sich um gebogene Bänder, so wurde die Gesteinsschicht gefaltet, also zusammengedrückt.

Granit oder Gneis?

Während Gneise meist eine deutliche Bänderung zeigen, sind die Minerale im Granit wild durcheinandergewürfelt.

Fundorte
Gneise findest du dort, wo sich Gebirge aufgetürmt haben – zum Beispiel in den Zentralalpen, aber auch im Bayerischen Wald, im Schwarzwald, im Erzgebirge und im Harz.

Verwendung
Da Gneise hinsichtlich ihres Mineralbestands mit dem Granit vergleichbar sind, werden sie zu ähnlichen Zwecken verwendet: als Baustein, Schotter und für Grabsteine.

Ein gebänderter Gneis

Tonschiefer

Gesteinsart: Umwandlungsgestein
Farbe: grau bis schwarz
Körnung: sehr feinkörnig

Merkmale

Tonschiefer entsteht, wie der Name schon vermuten lässt, aus Tonstein. Deshalb besteht Tonschiefer hauptsächlich aus feinen Tonmineralen und enthält daneben Quarz und Glimmer (Muskovit).

Schiefergesteine weisen häufig eine typische Schichtung auf. Sie entsteht dadurch, dass Gesteinsschichten zusammengedrückt und gefaltet wurden. Dies geschah häufig dort, wo heute Berge sind. Schiefersteine sind meistens weich. Du kannst sie leicht zwischen den Fingern in Richtung der Schichtung zerbröseln.

Fundorte

Schiefer gibt es in vielen Ländern: Nord- und Südamerika, Südafrika, Japan, China, Sibirien, Indien, Slowenien, Griechenland, Italien, Tschechien, Polen, Ungarn, Norwegen, Schweden, Schweiz, Portugal, Spanien, Frankreich, England und Irland. In Deutschland findest du ihn in der Eifel, im Sauerland, im Hunsrück, im Harz und im Frankenwald.

Verwendung

Tonschiefer wird häufig für Fachwerkhäuser verwendet, wo er zur Abdeckung von Giebeln, Dächern und Wänden dient.

Ein mit Schiefer gedecktes Dach

Schon gewusst?

Früher schrieben die Kinder in der Schule mit Kreide auf Schiefertafeln.

Amphibolit

Gesteinsart: Umwandlungsgestein
Farbe: dunkelgrün bis schwarz, grau, graugrün
Körnung: mittel- bis grobkörnig

Merkmale

Das Umwandlungsgestein Amphibolit entsteht vor allem aus Basalt. Es setzt sich überwiegend aus Amphibolen (Hornblende) und Feldspäten (Plagioklas) zusammen. Daneben finden sich gelegentlich Glimmer (Biotit) und Quarz. Die Farbe des Amphibolits hängt stark von der Menge der dunklen Minerale ab.

Fundorte

Amphibolit kommt in Deutschland im Erzgebirge, Fichtelgebirge, Schwarzwald und den Alpen vor. Außerdem gibt es ihn in Österreich, der Schweiz und in Skandinavien.

Schon gewusst?

Bereits in der Steinzeit fertigten die Menschen Beilklingen aus Amphiboliten. Besonders häufig findet man diese bei den sogenannten Dechseln. Dabei handelt es sich um Werkzeuge aus Stahl, die vor allem zur Bearbeitung von Holz verwendet wurden.

Verwendung

Der Amphibolit ist sehr hart und hält Wind und Wetter äußerst gut stand. Deshalb verwendet man ihn als Baustein und für Fußböden.

Ein Amphibolit mit kleinen Quarzstellen

Quarzit

Gesteinsart: Umwandlungsgestein
Farbe: weiß, gelb, grau, braun, rosa
Körnung: fein- bis mittelkörnig

Merkmale

Quarzit entsteht meist aus Sandsteinen. Er setzt sich hauptsächlich aus Quarz zusammen, enthält aber oft auch etwas Glimmer (Muskovit) und Feldspat. Im Unterschied zu einem Sandstein kannst du bei einem Quarzit mit dem bloßen Auge keine Quarzkörner erkennen.

Quarzit besteht aus Quarz, Glimmer und Feldspat.

Hältst du einen Quarzit gegen das Licht, so ist er leicht durchscheinend. Das siehst du besonders gut, wenn der Stein nass ist.

Fundorte

In Europa kommt Quarzit in den Alpen, in Spanien, Bulgarien und Skandinavien vor. In Deutschland findest du Quarzite unter anderem im Rheinischen Schiefergebirge, Taunus, Harz, Erzgebirge, Hunsrück und in der Eifel.

Quarzit ist fein- bis mittelkörnig.

Verwendung

Aufgrund seiner Härte und Wetterbeständigkeit wird er als Baustein verwendet. Aus Quarzit stellt man – ebenso wie aus Quarzsand – Glas her.

Lapislazuli

Gesteinsart: Umwandlungsgestein, Schmuckstein
Farbe: tiefblau bis graublau
Körnung: feinkörnig

Früher diente Lapislazuli-Pulver Malern als Farbe.

Merkmale

Bei dem glasig glänzenden Lapislazuli oder auch Lasurstein handelt es sich um ein Mineralgemisch. Hauptbestandteil ist das tiefblaue Mineral Lasurit, welches dem Lapislazuli seine schöne blaue Farbe verleiht. Die Strichfarbe ist hellblau. Seine Härte liegt bei 5 bis 6.

Fundorte

Die bekanntesten Fundorte liegen in Afghanistan (Hindukusch), Russland (Baikalsee), Chile und in den USA (Kalifornien).

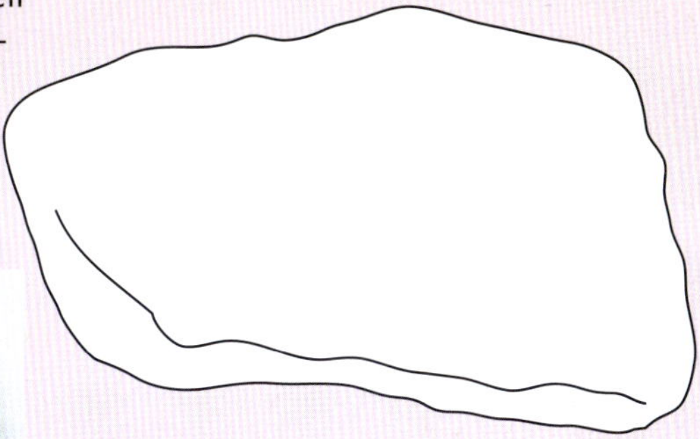

Eine Kette aus Lapislazuli

Verwendung

Lapislazuli ist ein beliebter Schmuckstein. Er ziert Fingerringe, Broschen, Anhänger und Ketten. Pulverisierter Lapislazuli war bei den Malern der Renaissance ein begehrtes Ultramarinblau.

Schon gewusst?

„Lapis lazuli" bedeutet übersetzt „blauer Stein". Der Schmuckstein reagiert empfindlich, wenn er mit Seife in Berührung kommt. Deshalb solltest du Ringe mit diesem Edelstein beim Händewaschen immer abnehmen.

Minerale

Gold

Farbe: metallisch gelb
Strichfarbe: goldgelb
Härte: 2,5 bis 3

Merkmale

Gold ist ein Edelmetall. Sein chemisches Symbol „Au“ leitet sich von der lateinischen Bezeichnung „Aurum“ ab. Gold besteht nur aus diesem einen Element.

Gold glänzt metallisch.

Das metallisch glänzende Gold verbindet sich nicht leicht mit anderen Elementen. In der Natur kommt es deshalb häufig gediegen, also in reiner Form, vor.

Fundorte

Die Goldvorkommen sind weltweit verstreut. Etwa 40 Prozent des heute in Bergwerken zutage geförderten Goldes kommen aus Südafrika, den USA, Australien und Russland. Gold findet sich auch als Gold-Nuggets in Flüssen. Da es recht schwer ist, sammelt es sich im Flussbett, wo es die Goldgräber aussieben.

Die großen Banken der Welt lagern Gold in Form von Barren.

Verwendung

Gold wird zu Schmuck verarbeitet, aber auch in der Industrie eingesetzt. Außerdem dient Gold in Form von Goldmünzen und Barren als internationales Zahlungsmittel und wird als Währungsreserve in den Zentralbanken der Welt eingelagert. Der Preis von Gold wird durch den Börsenhandel bestimmt.

Grafit

Merkmale

Grafit ist schwarz metallisch glänzend bis matt, fühlt sich fettig an und färbt deine Hände beim Anfassen schwarz. Es ist ein sehr weiches Mineral, das blättrig auseinanderbricht und aus reinem Kohlenstoff besteht.

Fundorte

Grafit findet sich weltweit. In Europa gibt es nur noch wenige Grafitbergwerke. Bekannte Fundorte in Europa sind/waren: Kropfmühl, Bayerischer Wald, Böhmen, Steiermark (Österreich).

Verwendung

Aus Grafit werden unter anderem die Minen für Bleistifte hergestellt.

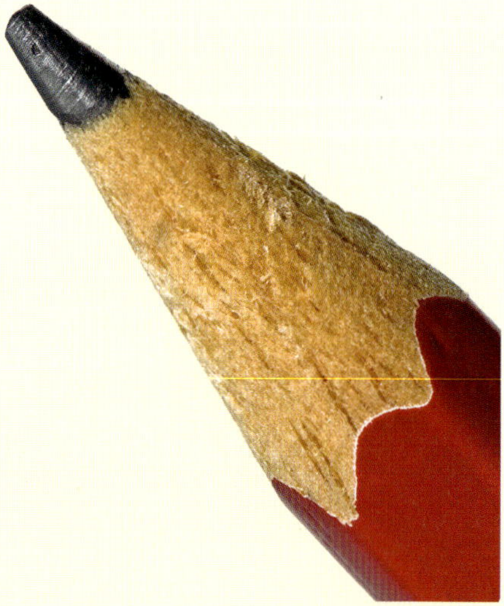

Bleistiftminen bestehen aus Grafit.

Schon gewusst?

Das härteste bekannte Mineral, der Diamant (Härte 10), besteht wie der Grafit ebenfalls aus reinem Kohlenstoff. Diamanten bilden sich im Erdmantel in einer Tiefe von über 150 Kilometern unter hohem Druck und bei hohen Temperaturen. Die größten Diamantenvorkommen befinden sich in Russland und Afrika. Diamanten lassen sich auch künstlich herstellen. Geschliffen sind sie als Edelsteine äußerst begehrt. Ein Brillant ist ein Diamant mit einem speziellen Schliff, dem Brillantschliff.

Ein Diamant besteht wie Grafit aus reinem Kohlenstoff.

Pyrit

Merkmale

Metallisch golden glänzende Pyrite finden sich recht häufig als eingewachsene Würfel (Würfelpyrit) in den unterschiedlichsten Gesteinen. Der Name Pyrit bedeutet „Feuer“, denn schlägt man Feuerstein auf Pyrit, so können sich Funken bilden. Das Mineral besteht aus Eisen und Schwefel, weshalb man es auch Schwefelkies nennt.

Fundorte

Pyrit findet sich häufig in Erstarrungsgesteinen sowie in Braun- und Steinkohle. In Europa gibt es Pyrit auf der Insel Elba (Italien), in Griechenland und Spanien. In Deutschland gab es ein großes Vorkommen bei Meggen im Sauerland.

Würfelpyrite

Verwendung

Aus dem Mineral Pyrit gewinnt man Schwefelsäure, die in der chemischen Industrie sowie zur Produktion von Düngemitteln benötigt wird.

Pyrit wird auch Katzengold genannt.

Schon gewusst?

Pyrit wird auch Katzengold genannt, da du es leicht mit Gold verwechseln kannst. Der Begriff leitet sich jedoch nicht von der Katze ab, sondern von dem Wort Ketzer, das für „Irrgläubige“ und „Fälscher“ verwendet wurde.

Fluorit

Merkmale

Fluorit bildet ähnlich wie Halit häufig würfelförmige Kristalle, die in Erstarrungs- und Ablagerungsgesteinen eingewachsen sind. Fluorit trägt auch den Namen Flussspat. Seine Bestandteile sind Kalzium und Fluor. Es glänzt ähnlich wie Glas.

Fluorit bildet Kristalle in Form von Würfeln.

Fundorte

Das weltweit größte Bergbaugebiet von Flussspat befindet sich in Mexiko. Weitere Fundorte gibt es in China, Südafrika und in den USA. In Deutschland findest du Fluorit im Schwarzwald, im Oberpfälzer Wald, Thüringer Wald, Erzgebirge und im Harz.

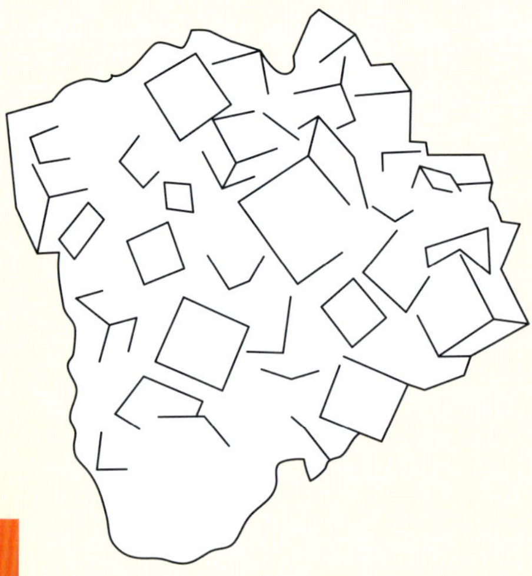

Farbe: farblos, weiß, rosa, gelb, grün, blau, violett, schwarz
Strichfarbe: weiß
Härte: 4

Probiers aus!

Besorge dir eine UV-A-Birne (Schwarzlicht) aus dem Baumarkt oder Elektrofachhandel und setze sie in eine Schreibtischlampe ein. Dunkle das Zimmer ab und halte einen Fluorit in das UV-Licht. Das Mineral leuchtet so ähnlich wie ein farbiger Textmarker. Dieses Leuchten nennt man Fluoreszenz.

Verwendung

Fluorit ist ein beliebter Schmuckstein und wird zur Herstellung von Linsen für Mikroskope oder Ferngläser verwendet.

Aufgrund seiner schönen Farben ist Fluorit ein beliebter Schmuckstein.

Halit

Farbe: farblos, weiß, grau, gelb, rosa, blau
Strichfarbe: weiß
Härte: 2

Merkmale

Das Mineral Halit ist auch unter dem Namen Stein- oder Kochsalz bekannt. Es besteht aus Natrium und Chlor. Ebenso wie Fluorit bildet Halit würfelförmige Kristalle auf Ablagerungsgesteinen und besitzt einen ähnlichen Glanz wie Glas. Halit bildet sich, wenn Meerwasser verdunstet. So können riesige Salzlager entstehen.

In jeder Küche findet sich Halit – das Kochsalz.

Fundorte

Weltweit gibt es über 300 Fundorte. In Deutschland kommt Halit vorwiegend in Niedersachsen und Sachsen-Anhalt vor.

Verwendung

Steinsalz verwendet man zum Würzen und Haltbarmachen von Speisen. Der Salzabbau hat eine enorme wirtschaftliche Bedeutung. In Deutschland und Österreich weisen viele Städtenamen auf einen früheren Salzabbau hin (Salzgitter, Salzbrunn, Salzburg); auch die Silbe „hall" in Halle oder Bad Friedrichshall bedeutet „Salz".

Halit wird in Salzbergwerken abgebaut.

Hinweis ...

... zur Aufbewahrung: Steinsalz löst sich leicht in Wasser. Deshalb musst du es in deiner Sammlung möglichst trocken aufbewahren – am besten in einem geschlossenen Plastikkästchen.

Salzkristalle züchten

Dazu benötigst du:

leeres Gurkenglas,
Bleistift,
Löffel,
Bindfaden,
metallische Büroklammer,
Kochsalz,
Wasser

Und so gehts

Fülle das Gurkenglas mit heißem Wasser. Gib nun mit dem Löffel Kochsalz dazu. Rühre jedes Mal gut um und gib so viel Salz ins Wasser, bis sich das Salz nicht mehr im Wasser löst, sondern sich ein Bodensatz bildet. Das nennt man eine gesättigte Lösung.

Binde nun den Bindfaden an den Bleistift. Am unteren Ende des Fadens befestigst du die Büroklammer. Der Faden sollte so lang sein, dass die Büroklammer etwa in der Mitte des Glases hängt. Lass nun die Büroklammer an dem Faden ins Glas sinken und lege den Bleistift auf den Glasrand.

Nun brauchst du nur noch etwas Geduld. Bereits nach einigen Tagen bilden sich an dem Faden und an der Büroklammer Salzkristalle.

Probiers mal anders

Anstelle des Kochsalzes kannst du dieses Experiment auch mit Zucker oder Backpulver machen. Mit einem zusätzlichen Tropfen Lebensmittelfarbe oder Tinte gelingen dir auch farbige Kristalle. Verwendest du anstelle der Büroklammer Pfeifenreiniger, die du zu bizarren Formen verbiegst, so erhältst du ganze Kristallgebilde.

Nach einigen Tagen kannst du Salzkristalle an der Büroklammer erkennen.

Magnetit

Merkmale

Der schwarz metallisch glänzende Magnetit ist magnetisch, das heißt er wird von Magneten angezogen und zieht selbst kleine Eisenteile an. Weil das Mineral Magnetit Eisen enthält, heißt es auch Magneteisenstein.

Farbe: eisenschwarz
Strichfarbe: schwarz
Härte: 5 bis 6

Probiers aus!

Halte einen Magneten an einen Magnetit. Versuche anschließend, mit dem Magnetit Büroklammern aus Eisen anzuziehen. Das gelingt natürlich nur, wenn der Magnetit groß genug ist.

Fundorte

Einige Strände in Kalifornien, Neuseeland, Fuerteventura und Island sind von feinkörnigem Magnetit schwarz gefärbt. Weitere bekannte Fundorte liegen in Schweden, Australien und den USA. In Deutschland gibt es ihn im Lahn-Dill-Gebiet (Hessen).

Verwendung

Magnetit ist neben dem Hämatit eines der bedeutendsten Eisenerze. Wegen des hohen Eisenanteils und des starken Magnetismus zählt Magnetit zu den wichtigsten Rohstoffen für die Elektroindustrie. Außerdem wird Magnetit bis heute zum Bau von Kompassen eingesetzt.

Dieser Magnetit ist voller Eisenspäne.

Hämatit

Farbe: grau bis schwarz, rotbraun
Strichfarbe: rot bis rotbraun
Härte: 6

Merkmale

Manchmal wird Hämatit auch als Blutstein bezeichnet, da er beim Schleifen die Schleifflüssigkeit rot färbt – eben so, als ob der Stein bluten würde. Die grauschwarze Form des Hämatits heißt Eisenglanz, die rotbraune Roteisenerz. Beide Formen besitzen einen metallischen Glanz. Hämatit enthält, wie Magnetit, Eisen.

Fundorte

Weltweit gibt es über 9000 Fundorte. Unter anderem findet er sich in Deutschland im Lahn-Dill-Gebiet (Hessen). Weitere Vorkommen sind in Schweden, Russland, der Ukraine, Brasilien und den USA.

Verwendung

Bereits die Steinzeitmenschen verwendeten Hämatit als Farbe für ihre Höhlenmalereien. Da Hämatit sehr hohen Temperaturen standhält, wird er auch heute noch zum Färben von Fliesen und anderen Tongegenständen verwendet. Hämatit ist auch ein beliebter Schmuckstein.

Links ein Hämatit, wie er in der Natur gefunden werden kann, rechts ein geschliffener Hämatit

Hinweis zur Aufbewahrung

Hämatit läuft nach einiger Zeit bunt an. Bewahre dieses Mineral also besser in einem geschlossenen Plastikkästchen auf.

Korund

Farbe: verschiedene Farben möglich, rot, blau
Strichfarbe: weiß
Härte: 9

Korund findest du auch auf Schleifpapier.

Rubine und Saphire – begehrte Edelsteine

Sehr begehrt ist rot und blau gefärbter Korund. Der rote Korund wird Rubin genannt und der blaue Korund heißt Saphir.

Merkmale

Der Korund ist mit einer Härte von 9 nach dem Diamanten das zweithärteste Mineral. Korund besitzt einen Glanz wie Glas und enthält Aluminium. Man findet ihn in Umwandlungsgesteinen. Seine Kristalle sind häufig länglich, säulen- oder tonnenförmig.

Ein roter Korund wird Rubin genannt.

Fundorte

Edelsteine aus Korund gibt es in Birma, Thailand, Sri Lanka und Australien. Kleinere Fundorte liegen in der Schweiz und Norwegen.

Verwendung

Korund wird, wenn er in der Qualität von Edelsteinen vorkommt, als Schmuck verwendet. Wegen seiner großen Härte wird er als Schleif- und Poliermittel eingesetzt. Du kennst dieses Schleifmaterial unter dem Namen Schmirgel oder auch Schmirgelpapier.

Ein blauer Korund heißt Saphir.

Opal

Farbe: verschiedene Farben möglich
Strichfarbe: weiß
Härte: 5 bis 6

Merkmale

Opale glänzen entweder wie Glas oder wie Wachs. Man unterscheidet zwischen Opalen, Edelopalen und Feueropalen. Bewegst du einen Edelopal im Licht hin und her, so zeigt er einen regenbogenfarbigen Schiller, während Feueropale meist milchig trüb, orangefarben oder rot – ohne das regenbogenartige Farbenspiel – sind. Zu den „normalen" Opalen zählt zum Beispiel der Hyalit (auch Glasopal genannt), der ebenfalls kein Farbenspiel zeigt.

Edelopale schillern in allen Farben.

Ein Ring mit Opal

Fundorte

Die bekanntesten Fundorte für Edelopale liegen in Australien. Weitere Vorkommen bestehen unter anderem in Brasilien, Guatemala, Honduras, Japan und den USA. Feueropale gibt es in Mexiko, Brasilien und Westaustralien.

Verwendung

Opale werden ausschließlich zu Schmucksteinen verarbeitet.

Schon gewusst?

Der Opal bildet – ebenso wie der Obsidian – keine Kristalle. Man bezeichnet eine solche Struktur als amorph. Ein amorpher Stoff besitzt keine geordnete innere Struktur, sondern ein unregelmäßiges Muster. Der Begriff „amorph" stammt aus dem Griechischen und bedeutet „ohne Gestalt".

Kalzit

Farbe: häufig farblos, weiß, grau, gelb
Strichfarbe: weiß
Härte: 3

Merkmale

Kalzit oder Kalkspat ist eines der formenreichsten Minerale, das heißt, dass es in sehr vielen verschiedenen Formen vorkommt und durch andere Elemente vielfältig gefärbt sein kann. Kalzit besitzt einen glasähnlichen Glanz und besteht aus Kalziumkarbonat.

Tropfsteine bestehen aus Kalzit.

Kalzit bildet in Höhlen die wunderschön anzusehenden und manchmal gigantischen Tropfsteine. Das Mineral Aragonit besitzt die gleiche chemische Zusammensetzung wie Kalzit.

Probiers aus!

Besorge dir einen mehrere Zentimeter großen, klaren (durchsichtigen), rautenförmigen Kalzitkristall. Lege ihn auf einen Zeitungsartikel: Der Text erscheint nun doppelt. Diese Eigenschaft der doppelten Lichtbrechung brachte dem Kalzit den Namen Doppelspat ein.

Fundorte

Kalzit findest du unter anderem in den nördlichen und südlichen Kalkalpen.

Kalzit kann die unterschiedlichsten Formen haben.

Verwendung

Kalzit in Form von Kalkstein wird zur Herstellung von Zement und Kunstdünger eingesetzt. Besonders reine Kristalle finden wegen ihrer optischen Eigenschaften Verwendung in der optischen Industrie.

Azurit

Farbe: tiefblau
Strichfarbe: himmelblau
Härte: 3 bis 4

Merkmale

Azurit wird wegen seiner tiefblauen Farbe auch Bergblau oder Kupferlasur genannt. Sein Name leitet sich von der Farbe Azurblau ab. Die tiefblaue Färbung erhält das Karbonatmineral durch Kupfer. Seine Kristalle sehen häufig aus wie kurze Säulen oder Tafeln.

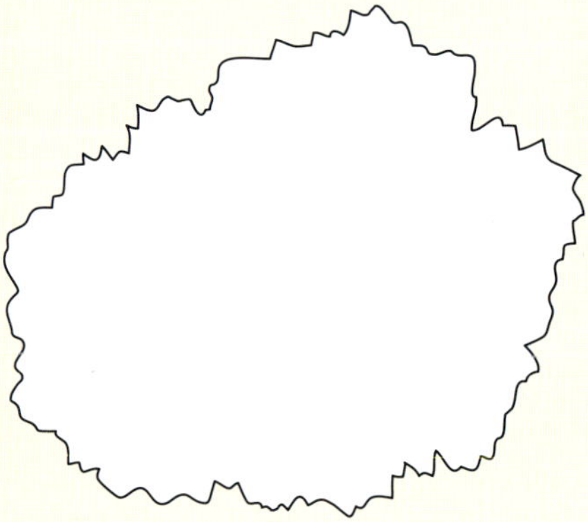

Fundorte

Fundorte sind unter anderem in Frankreich, Namibia, Zaire, Russland, Marokko und den USA. In Deutschland findest du Azurit im Schwarzwald.

Verwendung

Azurit ist schon seit mehr als 4500 Jahren bekannt. Die Ägypter verwendeten das pulverisierte Mineral als Augenschminke. Wegen seiner klaren Farbe ist Azurit als Schmuckstein sehr beliebt.

Azurit und Malachit sind beliebte Schmucksteine.

Malachit

Der Malachit ist ein naher Verwandter des Azurits. Azurit verwandelt sich durch die Aufnahme von Wasser über eine Zeitdauer von mehreren Jahrhunderten langsam in den grünen Malachit. Die beiden Minerale sind sich deshalb recht ähnlich. Malachit besitzt jedoch einen hellgrünen Strich bei gleicher Härte (3 bis 4). Unverkennbar ist Malachit aufgrund seiner hell- bis schwarzgrünen Bänderung.

Gips

Merkmale

Gips besteht aus Kalzium, Sulfat und Wasser. Eine Besonderheit sind die in heißen und trockenen Wüstengebieten zu findenden Sand- oder Wüstenrosen.

Eine Sand- oder Wüstenrose

Fundorte

Gips ist weit verbreitet. Wichtige Fundorte befinden sich in Mexiko, Algerien, Spanien, Italien und den USA. In Deutschland findest du ihn am Harzrand, in Sachsen-Anhalt und nördlich der Schwäbischen Alb.

Gips oder Anhydrit?

Das Mineral Anhydrit hat eine ähnliche Zusammensetzung wie Gips – enthält allerdings kein Wasser. Anhydrit sollte deshalb immer trocken aufbewahrt werden. Es entsteht bei der Verdunstung von Meerwasser, wenn die Temperatur über 35 Grad Celsius steigt, oder durch Metamorphose aus Gips. Die Strichfarbe ist ebenfalls weiß und die Härte liegt bei 3 bis 4.

Verwendung

In der Architektur wird Gips in Form von Stuckgips und Gipskartonplatten verwendet. Außerdem dient er für Gipsabdrücke und Gipsverbände. Große, durchsichtige Kristalle von besonderer Reinheit tragen den Namen Selenit oder auch Marienglas, da sie früher als Ersatz für Glasscheiben vor Marienbildern in Kirchen eingesetzt wurden.

Ein großer Gipskristall

Baryt

Farbe: weiß, grau, gelb, rötlich
Strichfarbe: weiß
Härte: 3 bis 4

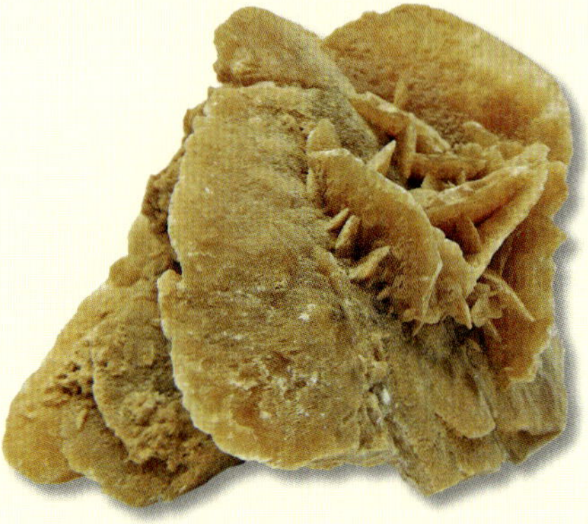

Die Sandrose aus Baryt gleicht der aus Gips.

Merkmale

Baryt ist auch unter dem Namen Schwerspat bekannt, da das Mineral recht schwer in der Hand liegt. Es besteht aus Barium und Sulfat. Manchmal finden sich rosenblütenähnliche Formen – ähnlich den Sand- oder Wüstenrosen aus Gips. Sie nennt man Barytrosen.

Probiers aus!

Besorge dir eine UV-A-Birne (Schwarzlicht) aus dem Baumarkt oder dem Elektrofachhandel und drehe sie in eine Schreibtischlampe. Verdunkle das Zimmer und richte den Lichtschein auf einen Baryt. Das Mineral leuchtet unter dem UV-Licht gelblich, orange oder rosa.

Fundorte

Baryt gibt es unter anderem in Dreislar (Westfalen), wo ein Museum an den Abbau erinnert, sowie im Schwarzwald und im Thüringer Wald. Weitere Fundorte sind in England, Frankreich und den USA.

Verwendung

In der Medizin verwendet man Baryt als Kontrastmittel bei Röntgenaufnahmen. Ein solches Kontrastmittel macht bestimmte Strukturen auf dem Röntgenbild sichtbar. Feuerwerkskörpern verleiht Baryt eine hellgrüne Farbe.

Der Baryt wird auch Schwerspat genannt.

Apatit

Merkmale

Apatit ist ein vielfältig ausgebildetes Mineral und kommt in ganz verschiedenen Farben vor. Die Mineraloberfläche besitzt einen glasigen oder fettigen Glanz. Apatit enthält Kalzium und Phosphat. Die Kristalle ähneln kleinen Säulen oder Tafeln, manchmal sind sie auch strahlenförmig.

Farbe: farblos, weiß, gelb, grün, blau, violett, rot
Strichfarbe: weiß
Härte: 5

Fundorte

Fundorte von Apatit liegen unter anderem in Brasilien, Kanada, Mexiko, Marokko, Madagaskar, Russland und in den USA.

Apatitkristalle ähneln oft kleinen Säulen.

Achtung!

Verwechslungsgefahr! Der Name Apatit stammt aus dem Griechischen und bedeutet soviel wie „Täuscher". Denn Apatit kommt in sehr vielen Farben vor, sodass du ihn leicht mit anderen Mineralen verwechseln kannst.

Verwendung

Das Mineral Apatit wird wegen des enthaltenen Phosphats in Düngemitteln verwendet. Allerdings schädigt eine Überdüngung der Äcker mit Phosphat Flüsse, Seen und das Grundwasser. Das Phosphat des Apatits wird darüber hinaus auch zur Herstellung von Streichholzköpfen verwendet.

Apatit kommt auch in Düngemitteln zum Einsatz.

Topas

Merkmale

Der glasartig glänzende Topas kommt in sehr vielen Farben vor. Häufig sind seine länglichen Kristalle durchsichtig. Die Farbe eines Topases lässt sich durch Erhitzen verändern. So wird er durch Hitze blau oder rötlich. Bestandteile des Minerals Topas sind Silizium und Aluminium.

Farbe: farblos, gelb, braun, blau, grün, rot
Strichfarbe: weiß
Härte: 8

Wird ein Topas erhitzt, verändert er dauerhaft seine Farbe.

Fundorte

Ein bedeutender Fundort von weingelben Topaskristallen liegt im Vogtland (Sachsen) nahe dem rund 24 Meter hohen Schneckenstein-Felsen. Deshalb nennt man diesen dort vorkommenden Topas auch Schneckenstein(topas) oder „Sächsischen Diamanten". Geschliffene Topase dieses Fundortes finden sich zum Beispiel in der englischen Königskrone.

Weitere Fundorte sind unter anderem in Afghanistan, Algerien, Japan, Mexiko, Norwegen, Pakistan und Schweden.

Verwendung

Topas wird vorwiegend als Schmuckstein verwendet.

Schon gewusst?

Topase können sehr groß werden. Der größte jemals gefundene Topaskristall wog sage und schreibe 271 Kilogramm.

Kristalle des Topases

Olivin

Farbe: olivgrün, gelblich, bräunlich
Strichfarbe: weiß
Härte: 6 bis 7

Merkmale

Olivine sind Silikate und gehören zu den häufigsten gesteinsbildenden Mineralen. Sie enthalten neben Silizium vor allem Magnesium und Eisen. Olivine kommen besonders oft in Erstarrungsgesteinen wie dem Gabbro und dem Basalt vor.

Fundorte

Berühmt sind die Olivinbomben vom Dreiser Weiher in der Eifel. Bei diesen Bomben handelt es sich um Gesteinsbrocken, die vom Vulkan ausgestoßen wurden und fast vollständig aus Olivin bestehen. Weitere Fundorte liegen in Norwegen, Kanada, den USA, Ägypten, Südafrika und Russland.

Olivin hat oft eine olivgrüne Farbe.

Schon gewusst?

Der Mineralname Olivin leitet sich, wegen der grünen Farbe, von dem lateinischen Wort für Olive ab.

Verwendung

Besonders schöne und durchsichtige Olivinkristalle werden als Schmucksteine verwendet. Sie werden unter dem Namen Peridot oder Chrysolith gehandelt. „Normale“ Olivine setzt man zur Herstellung von hitzebeständigen Gläsern und feuerfesten Ziegeln ein.

Olivin ist ein besonders häufig zu findendes Mineral.

Granat

Farbe: rot, gelb, braun, grün
Strichfarbe: weiß
Härte: 6 bis 7

Merkmale

Die Farben der Granate sind recht vielfältig und reichen von Blutrot über Violett oder Grün bis Schwarz. Granate können glasartig oder fettig glänzen, einige sind durchsichtig. Sie finden sich häufig in Umwandlungsgesteinen wie Gneis und Glimmerschiefer.

Granat befindet sich oft in Umwandlungsgesteinen.

Der Name Granat leitet sich von dem lateinischen Wort für „Korn" ab, da Granate häufig als kleine Körner im umgebenden Gestein vorkommen. Granate sind auch als Kristalle in Würfel- oder Achteckform recht häufig.

Fundorte

Granat-Fundorte liegen im Bayerischen Wald, Erzgebirge, in Österreich, Schweden, Russland (Ural), Simbabwe, Madagaskar, Sri Lanka, den USA (Alaska) und Brasilien.

Schon gewusst?

Im Mittelalter nannte man rote Edelsteine wie Rubine, Spinelle und rote Granate auch Karfunkel oder Karfunkelsteine.

Verwendung

Bereits in der Antike wurden Granate als Schmucksteine geschätzt. Wegen ihrer Härte verwendet man sie auch zum Schleifen von Glas und Holz.

Ein Ring mit zahlreichen Granaten

Epidot

Merkmale

Die glasartig glänzenden Kristalle des Epidots finden sich häufig in Umwandlungsgesteinen wie Marmor oder Amphibolit.

Je nach der Farbe des Epidots tragen die Minerale unterschiedliche Namen: So ist der Piemontit beispielsweise kirschrot und der Pistazit pistaziengrün. Die Form der Kristalle ist häufig länglich und ähnelt kleinen Säulen.

Farbe: dunkelgrün, blaugrün, schwarzgrün, teilweise rötlich
Strichfarbe: grau
Härte: 6 bis 7

Schon gewusst?

Der Name Epidot stammt aus dem Griechischen und bedeutet übersetzt so viel wie „Zugabe". Diesen Namen trägt das Mineral, da es lange Zeit mit Turmalin verwechselt wurde. Der französische Mineraloge René-Just Haüy (1743–1822) erkannte erst 1801, dass es sich bei dem Epidot um ein eigenständiges Mineral handelt.

Der pistaziengrüne Epidot wird Pistazit genannt.

Fundorte

Epidot findet sich unter anderem in Norwegen, Österreich, Frankreich, Pakistan, Peru, Mexiko, Russland, Tschechien, Alaska, in der Schweiz und auf der Insel Prince-of-Wales. In Deutschland gibt es ihn im Bayerischen Wald bei Tittling.

Verwendung

Epidot wird ausschließlich als Schmuckstein verwendet. Da er allerdings sehr schwer zu verarbeiten ist, wirst du ihn so nur selten zu Gesicht bekommen.

Beryll

Merkmale

Der glasartig glänzende Beryll kommt in unterschiedlichen Farben vor. Die farblose Form heißt Goshenit. Ist er gelb, so nennt man ihn Goldberyll, rosa Morganit und blau Aquamarin. Ist der Beryll grün, so ist es ein Smaragd. Beryll findet sich entweder in Erstarrungsgesteinen wie Granit oder in Umwandlungsgesteinen wie Gneis.

Farbe: farblos, gelb, rosa, rot, blau, grün
Strichfarbe: weiß
Härte: 7 bis 8

Rosarote Berylle heißen Morganit.

Verwendung

Die schönfarbigen Beryllkristalle sind wertvolle Edelsteine. Das Mineral Beryll enthält das Leichtmetall Beryllium, welches unter anderem in der Raumfahrttechnik für Speziallegierungen eingesetzt wird. Außerdem stellte man bereits vor etwa 7000 Jahren Brillengläser aus Beryll her.

Fundorte

Einige der vielen Fundorte liegen in Brasilien, Kolumbien, Madagaskar, Namibia, Norwegen, Österreich, Pakistan, Russland und den USA.

Der farblose Beryll wird Goshenit genannt.

Schon gewusst?

Die schönsten Smaragde stammen aus den kolumbianischen Smaragdgruben. Dort wurden sie bereits von den Inkas aus dem Fels gehauen. Beryllkristalle können sehr groß werden. So wurde in den USA ein sechs Meter langer und 1,5 Tonnen schwerer Beryll gefunden.

Augit

Farbe: schwarz, dunkelgrün, bräunlich
Strichfarbe: weiß bis graugrün
Härte: 5 bis 6

Merkmale

Das Mineral Augit ist ein typischer Vertreter der Pyroxene. Diese haben Härten zwischen 5 und 6 und eine grünlich weiße Strichfarbe. Sie können hell- bis dunkel- oder bräunlich grün sowie bronzefarben gefärbt sein. Augite finden sich in Ergussgesteinen wie Basalt oder Gabbro. Ihre Kristalle bilden meist kurze Säulen oder Tafeln.

Fundorte

Gefunden wird Augit in Deutschland unter anderem am Laacher See (Eifel) und am Kaiserstuhl (Baden). Weitere Länder, in denen es Augit gibt, sind beispielsweise Frankreich, Italien (Vesuv/Stromboli), Kanada und Tschechien.

Schon gewusst?

Pyroxen leitet sich von den griechischen Wörtern für „Feuer" und „fremd" ab. Der Name kann also mit „Feuerfremde" übersetzt werden. Die Mineralgruppe erhielt ihn, da man früher glaubte, dass die Minerale Fremdeinschlüsse in der erstarrten Vulkanlava seien. Später stellte sich jedoch heraus, dass sich die Pyroxene bereits bilden, bevor die Lava ausströmt.

Verwendung

Das Mineral Augit hat keine spezielle Verwendung.

Augitkristalle sehen oft wie kleine Säulen aus.

Hornblende

Farbe: schwarz, hell- bis dunkelgrün
Strichfarbe: graugrün bis graubraun
Härte: 5 bis 6

Merkmale

Das Mineral Hornblende ist ein typischer Vertreter der Amphibole. Diese sind sehr vielfältig in ihrer Zusammensetzung und weltweit stark verbreitet. Sie haben meistens dunkle Farben und bilden gern länglich gestreckte, schlanke Kristalle.

Amphibole kommen sowohl in Erstarrungsgesteinen (zum Beispiel Quarzdiorit) als auch in Umwandlungsgesteinen wie dem Namensvetter Amphibolit und Gneisen vor. Die Hornblende ist dem Augit äußerlich recht ähnlich.

Merke

Jede Hornblende ist ein Amphibol, aber nicht alle Amphibole sind Hornblenden.

Fundorte

In Deutschland gibt es Hornblenden am Laacher See in der Eifel und am Kaiserstuhl in Baden. Weitere Fundorte sind über die gesamte Erde verstreut. Darunter sind Australien, Brasilien, Kanada, Österreich, Schweden, die Schweiz, Tschechien, die Ukraine und die USA.

Verwendung

Das Mineral Hornblende hat keine spezielle Verwendung.

Eine schwarze Hornblende

Aktinolith

Farbe: hell- bis dunkelgrün, weiß, grau, farblos
Strichfarbe: weiß
Härte: 5 bis 6

Merkmale

Der glasartig bis seidig glänzende Aktinolith gehört genau wie die Hornblende zur Gruppe der Amphibole. Aktinolithkristalle sind faserig. Das Mineral Aktinolith findet sich in Umwandlungsgesteinen wie Amphibolit, Gneis und Tonschiefer.

Fundorte

Fundorte von Aktinolith befinden sich unter anderem in Argentinien, Australien, Belgien, Brasilien, Chile, China, Italien, Kanada, Tschechien und den USA. In Deutschland liegen seine Fundorte im Harz, Sauerland, Odenwald und im Erzgebirge.

Verwendung

Der faserige Aktinolith wurde als Asbest verwendet.

Aktinolith wurde bei uns früher als Asbest verwendet. Heute ist das verboten.

Asbest ist giftig!

Asbest ist feuerfest und wurde früher zur Dämmung von Gebäuden eingesetzt. Heute weiß man, dass er sehr gesundheitsschädlich ist: Die dünnen Fasern können schwere Krankheiten verursachen, wenn sie beim Einatmen in die Lunge gelangen. Außerdem verrottet Asbest nur sehr langsam und lässt sich somit schlecht entsorgen. Deshalb ist seine Verwendung heute in vielen Ländern verboten.

Muskovit

Farbe: farblos, weiß, silbergrau, gelblich, grünlich
Strichfarbe: weiß
Härte: 2 bis 3

Merkmale

Muskovit gehört zu den Hellglimmern. Als Glimmer ist er sehr weit verbreitet und Bestandteil vieler Gesteine wie Granit, Glimmerschiefer und Gneis. Je nach Farbe und Beschaffenheit gibt es für das Mineral einen eigenen Namen. So bezeichnet man seidenglänzende Kristalle als Serizit und grünliche als Fuchsit.

Muskovit wird vor allem in der Kosmetikindustrie verwendet.

Fundorte

Fundorte von Glimmer sind unter anderem Brasilien, Indien, Simbabwe, Norwegen, Russland und die USA. In Deutschland findest du reine Glimmerkristalle zum Beispiel im Fichtelgebirge.

Schon gewusst?

Eine weitere sehr häufig vorkommende Glimmerart ist der Biotit oder auch Dunkelglimmer. Er ist schwarz, dunkelbraun, grünlich schwarz und hat eine weiße Strichfarbe. Seine Härte beträgt ebenfalls 2 bis 3. Biotit kommt in vielen Erstarrungsgesteinen vor, zum Beispiel in Granit.

Verwendung

Der Name des Muskovits leitet sich von seiner Verwendung als Fensterscheibe ab. Diese stammten ursprünglich aus Russland und nannten sich Moskauer (Muskoviter) Glas. In der Kosmetik glänzt Muskovit zum Beispiel in Lippenstiften und anderen Kosmetika.

Einen grünen Muskovit nennt man Fuchsit.

Talk

Merkmale

Talk ist Hauptbestandteil von Speckstein, mit dem du bestimmt schon einmal gearbeitet hast. Aus Speckstein kannst du wegen seiner geringen Härte von 1 leicht Skulpturen herstellen.

Probiers aus!

Tropfe mit einer Pipette einige Wassertropfen auf ein Stück Talk und zum Vergleich auf ein Holzbrettchen. Auf dem Talk bilden sich Wassertropfen, die schließlich an ihm herablaufen. Auf dem Holzbrettchen zerläuft der Wassertropfen zu einer Pfütze. Talk ist also wasserabweisend.

Ebenso wie Speckstein fühlt sich Talk fettig an und färbt leicht ab. Unter großer Hitze wird er allerdings sehr hart und feuerfest. Talk ist auch ein Bestandteil von Tonschiefer.

Aus Speckstein werden zum Beispiel Skulpturen hergestellt.

Farbe: farblos, weiß, grau, gelb, braun, grün
Strichfarbe: weiß
Härte: 1

Fundorte

Fundorte von Talk liegen in Australien, Brasilien, China, Finnland, Frankreich, Italien, Kanada, Madagaskar, Mexiko, Norwegen, Österreich, Peru, Russland, Schweden, Ungarn, in der Schweiz und in den USA.

Verwendung

Talk wird fein gemahlen in Salben und Pudern als Bindemittel verwendet.

Talkpulver dient zum Beispiel in Pudern als Bindemittel.

Quarz

Farbe: farblos oder vielfältig gefärbt
Strichfarbe: weiß
Härte: 7

Ein Bergkristall

Merkmale

Eines der wohl bekanntesten Minerale ist der Quarz. Er kommt in sehr vielen verschiedenen Farben und Formen vor. Nach den Feldspäten ist Quarz das zweithäufigste Mineral der Erdkruste.

Farblosen, durchsichtigen Quarz bezeichnet man als Bergkristall. Milchquarz ist milchig weiß und trüb, Rauchquarz rauchig braun bis tiefschwarz, Rosenquarz rosa, Citrin gelb und Amethyst violett. Quarz ist Hauptbestandteil von Quarzit und Sandstein.

Schon gewusst?

Achat ist übrigens eine weitere bekannte Form des Quarzes. Achatscheiben haben ein gebändertes Aussehen. Dieses entsteht, da das Mineral die Hohlräume in Gesteinen in mehreren Schritten ausfüllt.

Fundorte

Quarz ist weltweit zu finden. Die farblose Variante, also den Bergkristall, gibt es in den Alpen, in Frankreich, Italien, Russland, Brasilien und Madagaskar.

Verwendung

Quarz ist ein Schmuckstein und wird außerdem zur Herstellung von Keramiken, Glas und Zement verwendet. Aus Quarzsand wird Silizium gewonnen, welches in vielen elektrischen Geräten, etwa in Computern, verwendet wird.

Feldspat

Farbe: farblos, weiß, grau, gelb, grün, rosa, rot
Strichfarbe: weiß
Härte: 6

Merkmale

Feldspäte (Alkalifeldspat, Plagioklas) sind die häufigsten gesteinsbildenden Minerale der Erdkruste. Sie treten in sehr vielen Farben von Weiß über Rosa, Grün, Blau bis Braun auf, können aber auch farblos sein. Ihre Strichfarbe ist stets weiß und ihre Härte liegt bei 6. Zu finden sind sie in Erstarrungsgesteinen wie Granit, Gabbro und Basalt, aber auch in Umwandlungsgesteinen wie Gneis. Die Feldspäte lassen sich in verschiedene Gruppen unterteilen. Dazu zählen zum Beispiel die Alkalifeldspäte, zu denen der Orthoklas gehört.

Feldspat kann die unterschiedlichsten Farben besitzen.

Zu den Feldspäten zählt auch der Orthoklas.

Fundorte

Feldspäte sind weltweit verbreitet. In Deutschland gibt es sie unter anderem in der Oberpfalz und im Fichtelgebirge.

Verwendung

Feldspat ist neben Kaolin und Quarz ein wichtiger Rohstoff bei der Porzellanherstellung. Besonders reiner Feldspat wird als Ausgangsmaterial für Zahnersatz verwendet.

Plagioklase

Die Plagioklase stellen eine Gruppe der Feldspäte dar. Sie sind den Alkalifeldspäten recht ähnlich und ebenso verbreitet und vielfältig in ihrer Farbe. Ihre Strichfarbe ist ebenfalls weiß und ihre Härte liegt auch bei 6.

Fossilien

Ammoniten

Fossiltyp: Körperfossil, Steinkern
Tierstamm: Kopffüßler
Lebenszeitraum: etwa vor 415 Millionen bis 65 Millionen Jahren

Merkmale

Ammoniten besitzen ein spiralförmiges Gehäuse, ähnlich dem von Schnecken. Allerdings sind sie viel enger mit den Tintenfischen verwandt als mit den Schnecken. Ihre Gehäuse bestehen aus Kalk und diese sind es, die du versteinert oder als Abdruck in Gesteinen finden kannst. Der Durchmesser der Schalen liegt zwischen einigen Millimetern und fast drei Metern.

Querschnitt durch einen Ammoniten

Lebensweise

Die Ammoniten bevölkerten rund 350 Millionen Jahre die Meere. Es gab zwischen 30.000 und 40.000 verschiedene Arten. Sie starben zusammen mit den Dinosauriern aus.

Ammoniten ernährten sich von Fischen, Krustentieren und Weichtieren. Sie bewegten sich mithilfe des Rückstoßprinzips fort und tauchten auf und unter wie ein U-Boot, indem sie die Kammern in ihrem Gehäuse mit Gas und einer bestimmten Flüssigkeit füllten oder entleerten.

Schon gewusst?

Der größte bislang gefundene vollständige Ammonit ist ein 80 Millionen Jahre altes Exemplar und hat einen Durchmesser von 1,8 Metern. Er ist im LWL-Museum für Naturkunde in Münster ausgestellt.

Brachiopoden

Fossiltyp: Körperfossil, Schalenerhaltung
Tierstamm: Armfüßer
Lebenszeitraum: etwa vor 530 Millionen Jahren bis heute

Merkmale

Brachiopoden sind äußerlich den Muscheln recht ähnlich, wobei ihre beiden Klappen Rücken- und Bauchseite schützen, während die Schalen der Muscheln deren Körperseiten bedecken. Aus der unteren, größeren Klappe entspringt bei den meisten Arten ein Stiel, mit dem sie sich am Untergrund anheften. Sie lebten und leben im Meer und besitzen Schalen aus Kalk oder Chitin, die du heute weltweit entweder versteinert oder als Abdruck in Schiefern, Kalk- und Tonsteinen finden kannst.

Brachiopoden sehen wie Muscheln aus.

Ihre Größe liegt meistens bei einigen Zentimetern. Die größten bislang gefundenen Schalen sind rund 30 Zentimeter groß. Die Oberfläche der Schalen ist entweder glatt oder hat eine Rillenstruktur.

Lebensweise

Die Gruppe der sogenannten Armfüßer, wie die Brachiopoden auch genannt werden, filtern ihre Nahrung aus dem Wasser. Brachiopoden besitzen Arme,

die mit vielen kleinen beweglichen Zirren (Fransen) besetzt sind. Mit deren Hilfe strudeln sie aus dem Meerwasser Algen sowie Kleintiere zum Mund.

Schon gewusst?

Heute bewohnen die etwa 300 Brachiopoden-Arten den Boden der Meere. Einige der ausgestorbenen Arten lebten fest verankert auf Korallen oder Steinen.

Trilobiten

Fossiltyp: Körperfossil
Tierstamm: Gliederfüßer
Lebenszeitraum: etwa vor 570 Millionen bis 245 Millionen Jahren

Merkmale

Die Trilobiten sind entfernt mit den Krebsen verwandt. Man zählt sie zu den Gliederfüßern, da sie Lauf- und Ruderbeine besitzen, die aus einer Vielzahl von Gliedern zusammengesetzt sind. Der Name Trilobit (Dreilapper) ergibt sich sowohl aus der Längsgliederung der Tiere in Kopfschild, Körper und Schwanzschild als auch aus der Quergliederung in eine zentrale Achse mit seitlichen Loben (Lappen).

Schon gewusst?

Manchmal haben sich von den Trilobiten nicht nur die Panzer, sondern auch Kriech- oder Wühlspuren im Gestein erhalten. Es sind über 1500 Gattungen bekannt.

Der Kopf hat eine ovale, eine Halbkreis-, Kreis- oder Dreiecksform. Bei einigen Arten saßen Dornen oder Stacheln auf dem kalkigen Panzer. Diese Panzer findest du heute versteinert oder als Abdruck im Gestein. Trilobiten erreichten Größen zwischen einigen Millimetern und 70 Zentimetern.

Trilobiten lebten in den Meeren.

Lebensweise

Trilobiten waren Meeresbewohner, die sich wie ein Gürteltier einrollen konnten. Die meisten hatten gut entwickelte Facettenaugen, wie wir sie heute von vielen Insekten kennen.

Trilobiten-Panzer kannst du heute noch entdecken.

Trilobiten streiften im Laufe ihres Lebens- und Wachstumsprozesses ihren Panzer mehrmals ab. Auch diese abgeworfenen Panzerteile kann man als Fossilien finden. Trilobiten schwammen im bodennahen Wasser oder krochen auf dem Meeresboden umher. Einige filterten ihre Nahrung aus dem Meerwasser, andere waren Räuber und jagten Kleinlebewesen.

Gastropoda

Fossiltyp: Körperfossil, Abdruck
Tierstamm: Weichtiere
Lebenszeitraum: etwa seit 530 Millionen Jahren

Merkmale

Zahlreiche Schnecken (Gastropoda) sind inzwischen ausgestorben, sodass wir sie heute nur noch als Fossilien kennen. Die kalkigen Schneckenhäuser findest du versteinert oder als Abdruck im Gestein.

Versteinerte Schneckenhäuser (Steinkerne)

Schnecken zählen zu den häufigsten Fossilfunden weltweit. Daneben finden sich auch zahlreiche Lebensspuren wie Kriechspuren und Bohrlöcher. Schneckenhäuser können glatt sein oder Rillen aufweisen und Höcker, Wülste, Dornen oder Stacheln tragen. Die uns aus dem Garten geläufigen Nacktschnecken sind natürlich nicht fossil überliefert.

Lebensweise

Unter den Schnecken gibt es solche, die im Meer leben, aber auch zahlreiche Arten, die im Süßwasser oder an Land vorkommen. Gastropoden haben einen muskulösen Fuß und tragen auf dem Kopf ein bis zwei Fühlerpaare und Augen. Ihre lebensnotwendigen Organe werden vom Gehäuse geschützt, in das sie sich bei Gefahr auch ganz zurückziehen können.

Die meisten im Wasser lebenden Schnecken bewohnen den Meeresgrund. Sie ernähren sich vor allem von Algen, die sie von Korallen oder Steinen abweiden. Es gibt auch Räuber unter ihnen, die Gehäuse oder Schalen anderer Schnecken und Muscheln anbohren. Einige ernähren sich auch von toten Tieren, die auf den Meeresboden gesunken sind.

Fossile Schnecken sind am leichtesten zu finden.

Schon gewusst?

Gastropoda ist die wissenschaftliche Bezeichnung für Schnecken. Der Begriff stammt aus dem Griechischen und kann mit „Bauchfüßer" übersetzt werden.

Fossilien selbst herstellen

Dazu benötigst du:

Holzbrett oder dicke Pappe, dünne Pappe, Modellierton, Vaseline, Teigrolle, Pinsel, Klebstoff, Gips, Muschel oder Schneckenhaus

Und so gehts

Forme mit dem Ton auf einem Brett oder dicker Pappe, die als Unterlage dienen, einen dicken Fladen. Rolle den Ton wie ein Stück Kuchenteig mit der Teigrolle aus.

Säubere deine Muschel oder das Schneckenhaus und drücke das Abdruckobjekt fest in den Ton. Löse die Muschel oder das Schneckenhaus vorsichtig wieder heraus.

Fertige selbst Fossilienabdrücke an.

Nun hast du einen schönen Abdruck von deinem Fossil. Reibe jetzt mit einem Pinsel Vaseline auf die Abdruckstelle.

Schneide aus der dünnen Pappe einen etwa fünf Zentimeter breiten Streifen zurecht. Forme aus dem Pappstreifen einen Ring und klebe ihn an den Enden zusammen. Setze ihn dann als Rand um den Abdruck im Ton.

Mische nun den Gips wie auf der Packung beschrieben und gieße ihn in den umrandeten Abdruck. Warte so lange, bis der Gips hart geworden ist.

Entferne dann den Papprand und trenne den Gips vom Ton. Nun hast du eine Form, den Abdruck aus Ton, und einen Abguss aus Gips – dein eigenes Fossil.

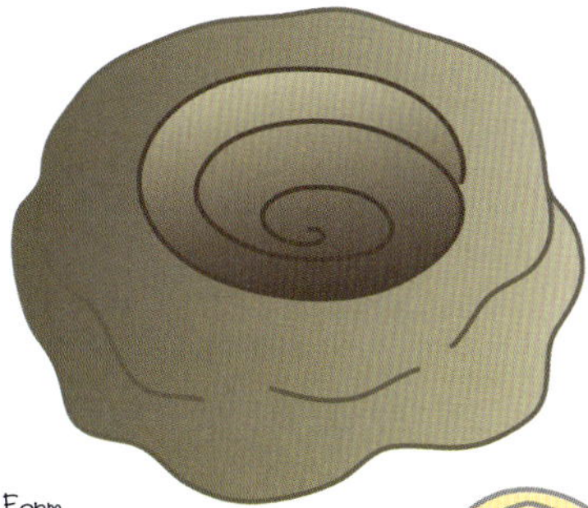

Form

Abguss

Echinoidea

Fossiltyp: Körperfossil, Steinkern
Tierstamm: Stachelhäuter
Lebenszeitraum: etwa seit 480 Millionen Jahren

Merkmale

Seeigel (Echinoidea) zählen zusammen mit den Seesternen (Asteroidea) und einigen anderen Gruppen zu den Stachelhäutern. Es gibt eine Fülle ausgestorbener und lebender Arten. Viele Seeigelarten sind regelmäßig fünfstrahlig, das heißt ihre Körper und Gehäuse gliedern sich in fünf gleiche Abschnitte.

Fossil kannst du das Gehäuse der Seeigel finden. Es besteht aus Kalzit. Auf der rundlich gewölbten Oberfläche kannst du die Stellen, an denen die Stacheln gesessen haben, deutlich als kleine Hügel sehen und fühlen. Auf der Unterseite der Seeigel befindet sich in der Regel der Mund mit einem mit „Zähnen" versehenen Fressapparat.

In ganz seltenen Fällen findet man sogar ganze Seeigel als Fossil.

Schon gewusst?

Der kompliziert gebaute, fünfstrahlig aus „Zähnen" und weiteren filigranen Skelettelementen konstruierte Fressapparat der Seeigel wird als „Laterne des Aristoteles" bezeichnet, weil der im vierten vorchristlichen Jahrhundert lebende griechische Naturforscher und Philosoph ihn als Erster beschrieben hat.

Lebensweise

Seeigel leben auf dem Grund und in den Uferregionen aller Weltmeere. Unter ihnen gibt es Pflanzen- und Fleischfresser. Die Stacheln der Seeigel sitzen auf kleinen Gelenkhöckern und sind durch Muskeln teilweise beweglich.

Die Stacheln dienen dem Schutz vor Räubern. Manche sondern beim Stechen sogar ein Gift ab. Einige Seeigel bohren sich mit ihren Stacheln in Korallenriffe und Felsen. Vielen Seeigelarten dienen die Stacheln auch zur Fortbewegung.

Versteinerte Fische

Fossiltyp: Körperfossil
Tierstamm: Fische
Lebenszeitraum: etwa seit 420 Millionen Jahren

Merkmale

Die ältesten Spuren von Knochenfischen (Strahlenflosser) sind über 420 Millionen Jahre alt. Quastenflosser und Lungenfische sind etwas jünger. Alle drei genannten Ordnungen haben bis heute überlebt.

Schon gewusst?

Der Quastenflosser wird zu den lebenden Fossilien gezählt. Lebewesen mit dieser Bezeichnung galten oftmals bereits als ausgestorben und waren zuerst nur durch fossile Funde bekannt. Doch schließlich entdeckte man doch noch lebende Verwandte, die teilweise noch so aussehen wie ihre Vorfahren vor Millionen von Jahren.

In den Steinschichten finden sich neben einzelnen Fischknochen ganze Skelette, Schuppen oder Zähne beziehungsweise deren Abdrücke im Gestein. Auch die winzigen, dem Gleichgewichtssinn dienenden Knochenplättchen (Otolithen) treten teilweise massenhaft auf. Recht häufig sind Haifischzähne, da sie nicht so leicht zerfallen wie Knochen. Haifische, eine Gruppe der Knorpelfische, besitzen mehrere Zahnreihen. Es findet ein ständiger Zahnwechsel statt. Abgenutzte oder nicht mehr in Funktion befindliche Zähne fallen aus, und die dahinter befindlichen neuen Zähne kommen zum Einsatz.

Dieser Barsch sieht ganz schön gefährlich aus.

Lebensweise

Fische leben sowohl in Süßwasser als auch in Salzwasser überall auf der Erde. Unter ihnen gibt es Pflanzenfresser, Raubfische und Filtrierer. Einige Arten können sogar kurze Gleitflüge über die Wasseroberfläche unternehmen. Sie nennt man Fliegende Fische. Lungenfische sind in der Lage, Luftsauerstoff zu atmen, und können auf der Suche nach Wassertümpeln kleine Überlandausflüge machen.

Ein versteinertes Fischskelett

„Urvogel" Archäopteryx

Merkmale

Der Fund des Archäopteryx im Jahr 1861 erregte unter den Wissenschaftlern viel Aufsehen. Denn das versteinerte Tier besaß Merkmale eines Flugsauriers, zum Beispiel Zähne und einen aus Wirbeln aufgebauten Schwanz. Gleichzeitig hatte es Merkmale eines Vogels, nämlich mit Federn besetzte Flügel. Daher hat der Archäopteryx seinen Namen. Übersetzt heißt er Urvogel (genauer: Urflügel).

Ein versteinerter Archäopteryx ist ein ganz besonderer Fund.

Fundorte

Den ersten Archäopteryx-Fund machte Hermann von Meyer (1801–1869) 1861 in einem Weißjura-Steinbruch in der Fränkischen Alb bei Solnhofen (Bayern). Ein weiterer Fundort ist das nahe gelegene Eichstätt.

Bis heute sind insgesamt zehn fossile Urvögel gefunden worden – darunter auch der Abdruck einer einzelnen Feder. Der Fund des Archäopteryx ist deshalb so bedeutend, weil er in der Entwicklung der Wirbeltiere als Bindeglied zwischen den Reptilien und den Vögeln gilt.

Lebensweise

Ob der Archäopteryx wirklich fliegen konnte oder nur von Bäumen zur Erde segelte, ist bislang unklar. Er legte Eier und ernährte sich wahrscheinlich von Insekten.

Bernstein

Farbe: farblos, weiß, hell- bis goldgelb, orange, rot, braun
Härte: 2
Alter: bis etwa 260 Millionen Jahre

Entstehung

Beim Bernstein handelt es sich nicht um ein Mineral, sondern um ein pflanzliches Produkt. Denn Bernstein entsteht aus Harz. Dieses quillt aus der Rinde von Bäumen, um Verletzungen im Holz zu verschließen. Mit der Zeit wird das zähflüssige Harz dann fest.

Beim Herabtropfen des noch flüssigen Baumharzes kann es passieren, dass Insekten, Spinnen oder Pflanzenreste von dem Harz eingeschlossen werden. Auf diese Weise bleiben diese kleinen Zeitzeugen über viele Millionen Jahre erhalten und erzählen uns etwas über ihre ehemaligen Lebensräume.

Bernstein mit Insekt

Bernstein wird gern als Schmuck verwendet.

Fundorte

Bernstein wird sehr häufig an der Ostseeküste am Strand angespült. Weitere Fundorte liegen in Sizilien, Mittelitalien, Rumänien, Großbritannien, im Libanon, in Burma, Japan sowie in der Dominikanischen Republik (Mittelamerika) und in der Ukraine.

Verwendung

Bernstein ist ein begehrter Schmuckstein und wird zum Beispiel zu Ketten, Ringen und Anhängern verarbeitet.

Probiers aus!

Reibe einen Bernstein kräftig an einem Wolltuch. Der Bernstein lädt sich dadurch elektrostatisch auf und zieht leichte Gegenstände wie Papierschnipsel an.

Versteinerte Pflanzen

Fossiltyp: Abdruck
Pflanzengruppe: Schachtelhalme, Bärlappe, Farne
Alter: etwa bis 400 Millionen Jahre

Entstehung

Die ersten Landpflanzen tauchten vor etwa 400 Millionen Jahren auf. Zu den frühesten Vertretern gehörten Farne, Schachtelhalme und die Bärlappe. Sie hinterließen häufig Abdrücke ihrer Blätter im Gestein. Auch Abdrücke ihrer Stämme sind zahlreich bekannt sowie als Ganzkörper-Versteinerungen erhaltene Wurzeln. Es gibt auch Einschlüsse (in Bernstein) oder Versteinerungen von Sporen oder Samen.

Mit etwas Glück findest du versteinerte Pflanzen.

Schachtelhalme

Die heutigen Schachtelhalme sind die letzten Überlebenden einer ehemals artenreichen Gruppe. Die Schachtelhalme zählen zu den Gefäßpflanzen. Sie erreichten Höhen von bis zu 30 Metern und hatten Stämme mit Durchmessern von rund einem Meter. Sie machten einen Großteil der Urwälder des Erdaltertums aus, aus denen Steinkohle entstand.

Die Struktur der Pflanze ist noch gut zu erkennen.

Bärlappgewächse

Die Bärlappgewächse sind die einzigen heute noch existierenden Verwandten aus der Gruppe der Bärlappartigen. Mit riesigen Schuppen- und Siegelbäumen hatten sie während der Karbonzeit (vor circa 360 Millionen bis 290 Millionen Jahren) ihren Entwicklungshöhepunkt erreicht. Sie zählen ebenfalls zu den Gefäßpflanzen. Die heutigen Bärlappgewächse sind krautige, immergrüne Pflanzen.

Versteinertes Holz

Fossiltyp: Pflanzen-Verkieselung
Pflanzenart: Laub- und Nadelbäume
Alter: etwa bis 350 Millionen Jahre

Entstehung

Damit Holz versteinern kann und nicht verrottet, muss es luftdicht abgeschlossen werden. Dies kann der Fall sein, wenn ein Baumstamm in einen Fluss, See oder ins Meer fällt, dort auf den Boden sinkt und recht schnell von anderen Materialien, zum Beispiel Tonen, überdeckt wird.

Querschnitt eines versteinerten Baums

Auch die Asche eines Vulkanausbruchs kann umgefallene Baumstämme luftdicht verschließen. Unter diesen Umständen wird das Holz urzeitlicher Bäume in Kohle umgewandelt.

Eine weitere Möglichkeit der Fossilisierung von Holz bietet sich, wenn das Holzgewebe während des Aufdringens heißer, vulkanischer Wässer durch Minerale ersetzt wird. Bei diesen wässrigen Lösungen handelt es sich häufig um Kieselsäure. Diesen Prozess nennt man deshalb auch Verkieselung.

Fundorte

Auf der ganzen Erde gibt es Fundstellen von versteinerten Hölzern, ja sogar ganzer Wälder, zum Beispiel im Petrified-Forest-Nationalpark (Arizona, USA), im Yellowstone-Nationalpark (USA), in Kalifornien (Calistoga, USA), Namibia, auf der Insel Lesbos und in Sachsen (Chemnitz).

Versteinertes Holz war über Millionen von Jahren luftdicht verschlossen.

Naturquiz

Hand aufs Herz: Wie gut kennst du dich mit Gesteinen, Mineralen und Fossilien aus? Mit unserem Wissenstest kannst du dein Know-how überprüfen. Leg los! Die Lösungen findest du auf Seite 80.

1. Was ist ein Gestein?

a) Ein fester Körper, der eine geordnete innere Struktur besitzt
b) Ein fester Körper, der aus einem oder mehreren Mineralen besteht
c) Ein fester Körper, der eine besondere Härte besitzt

2. Was ist ein Mineral?

a) Ein fester Körper, der aus Gesteinsbrocken besteht
b) Ein fester Körper, der eine ungeordnete innere Struktur besitzt
c) Ein fester Körper, der eine geordnete innere Struktur besitzt

3. Wie nennt man die Lebensspuren vergangener Lebewesen?

a) Fossil
b) Fussil
c) Fassil

4. Welche Art von Gesteinen spucken Vulkane aus?

a) Ergussgesteine
b) Ablagerungsgesteine
c) Umwandlungsgesteine

5. Welche Härte hat ein Diamant?

a) 1
b) 5
c) 10

6. Quarz ist ein recht häufiges und formenreiches Mineral. Was ist kein Quarz?

a) Amethyst
b) Rubin
c) Citrin

7. Wer ist ein „lebendes Fossil"?

a) Quastenflosser
b) Yeti
c) Dinosaurier

8. Gastropoden sind …

a) Muscheln.
b) Schnecken.
c) Krebse.

9. Welches Mineral ist magnetisch?

a) Hämatit
b) Malachit
c) Magnetit

10. Welche drei Minerale sind typisch für einen Granit?

a) Feldspat, Quarz und Glimmer
b) Feldspat, Quarz und Talk
c) Feldspat, Quarz und Fluorit

11. Welches Mineral wird für Bleistiftminen verwendet?

a) Quarz
b) Gips
c) Grafit

12. Welche Farbe haben Rubine?

a) Rot
b) Blau
c) Gelb

13. Bernstein besteht aus …

a) Honig.
b) Harz.
c) Holz.

14. Trilobiten bestehen aus …

a) einem Körperteil.
b) zwei Körperteilen.
c) drei Körperteilen.

15. Kochsalz trägt den Mineralnamen …

a) Gallit.
b) Halit.
c) Tallit.

Erklärungen

Amorph: Ein Stoff, bei dem der innere Aufbau nicht regelmäßig ist, also zum Beispiel nicht als Kristallgitter angeordnet ist

Edelmetall: Metalle, die besonders widerstandsfähig sind, zum Beispiel Gold oder Silber

Edelstein: Schmuckstein, der als schön empfunden wird (auch Bernstein)

Erdkruste: Die äußere, feste Schicht der Erde

Erz: Gesteine oder Mineralaggregate, die nutzbare Bestandteile enthalten, zum Beispiel Metalle wie Eisen, Gold oder Kupfer

Fossil: Spuren vergangenen Lebens, zum Beispiel Versteinerungen von Pflanzen und Tieren, Abdrücke und andere Lebensspuren

Fossile Brennstoffe: Braunkohle, Steinkohle, Torf, Erdgas und Erdöl

Gefäßpflanzen: Pflanzen, die ein Leitungssystem für Wasser und Nährstoffe besitzen

Geologie: Wissenschaft vom Aufbau, der Zusammensetzung und Dynamik der Erde

Gestein: Ein Gestein besteht aus einem oder mehreren Mineralen.

Härte: Die Härteskala gibt an, wie viel Widerstand ein Material einer mechanischen Kraft entgegenbringt.

Inkohlung: Natürlicher Vorgang, bei dem Kohle entsteht

Kieselsäure: In Wasser gelöstes Silizium

Körperfossil: Bei Körperfossilien sind vor allem die Hartteile eines Lebewesens erhalten geblieben, zum Beispiel Schalen oder Gehäuse von Schnecken oder Muscheln, aber auch Zähne oder Knochen.

Kristall: Ein Stoff, bei dem der innere Aufbau regelmäßig in Form eines Gitters ist

Lava: Geschmolzenes Gestein, das an die Erdoberfläche tritt

Lebendes Fossil: Tier- oder Pflanzenart, die sich von ihrem Körperbau über eine sehr lange Zeitspanne kaum verändert hat und noch heute lebt

Legierung: Ein Stoff, der dadurch entsteht, dass verschiedene Metalle zuerst verschmolzen und dann abgekühlt werden

Magma: Geschmolzenes Gestein im Inneren der Erde

Metamorphose: Umwandlung von Gestein, meist durch Druck, Temperatur und Erdbewegung

Mineral: Fester Körper mit einem meist regelmäßigen inneren Aufbau und einer definierten Zusammensetzung

Mineralogie: Wissenschaft von den Mineralen (Entstehung, Eigenschaften und Verwendung)

Muschelkalk: Ablagerungsschicht (Alter: vor etwa 243 bis 235 Millionen Jahren)

Rohstoff: Natürlich vorkommender Stoff, der als Grundlage für die Herstellung von Produkten dient

Rückstoßprinzip: Durch einen Rückstoß wird das Objekt nach vorn beschleunigt (Beispiel: Rakete).

Schichtung: Eine Schichtung in Gesteinen entsteht durch eine zeitlich aufeinanderfolgende Ablagerung von Material.

Schieferung: Eine Schieferung in Gesteinen entsteht, wenn Gesteinsschichten gegeneinander verschoben werden.

Strichfarbe: Farbe des Mineralpulvers, wenn man das Mineral auf einer rauen, weißen Porzellanfläche reibt

Vulkanisches Glas (Gesteinsglas): Sehr schnell abgekühltes geschmolzenes Gestein, das keine geordnete innere Struktur besitzt (amorph)

Geoparks und Naturschutz

Gesteine, Minerale und Fossilien entdecken: Das kann man am besten in den Geoparks. Dies sind wie Natur- oder Nationalparks große Gebiete, in denen die Wunder der Geologie und der Gesteinswelt für die großen und kleinen Betrachter in besonderer Weise zugänglich und sichtbar gemacht werden.

Entdecke die Wunder der Geologie in den Geoparks.

In Deutschland gibt es mittlerweile 13 Nationale Geoparks. Ihr findet sie im Internet unter www.nationaler-geopark.de. In den Geoparks erwarten euch ein Informationszentrum, viele Veranstaltungen – manche auch für Kinder – und speziell ausgeschilderte Geopfade zum Selbstentdecken. Manchmal gibt es auch eine Höhle, einen besonderen Felsen oder einen Steinbruch, den man betreten und in dem man nach Mineralen und Fossilien graben darf.

Allerdings ist es nicht überall möglich, mit dem Hämmerchen auf die Suche zu gehen: Wie die Biotope müssen auch Geotope als einzigartige geologische Zeugen geschützt werden.

Willst du allgemein mehr über die Natur und ihren Schutz erfahren, dann mach mit bei den Naturdetektiven des Bundesamtes für Naturschutz – im Internet unter www.naturdetektive.de.

Unsere Erde bedarf eines besonderen Schutzes.

Register

Lösungen

1 b), 2 c), 3 a), 4 a), 5 c), 6 b), 7 a), 8 b), 9 c), 10 a), 11 c), 12 a), 13 b), 14 c), 15 b)

Bildnachweis

Dpa Picture-Alliance, Frankfurt: picture-alliance/picture-alliance, 64 r., picture-alliance/chromorange, 43. r.m., picture-alliance/dpa, 42 u., 53 o., 54 r.u., 70 o., picture-alliance/Helga Lade Fotoagentur GmbH, 25 u., picture-alliance/Klett GmbH, 48 r.u., 49 r.u., picture-alliance/OKAPIA KG, Germany, 53 u., picture-alliance/sander 66 r.o., picture-alliance/ZB, 12 l.u., 26 l., 39 r.
Getty Images: Mark Schneider/Visuals Unlimited, 25 r.o.
iStockphoto.com: alexxx1981, 21 u., angi71, 73 l., benedek, 61 l.o., blueclue, 34, bobainsworth, 70 u., Bryngelzon, 10 l., Crazytang, 65 l.u., Cybermama, 20 o., dmitriyd, 32 l.o., DonNichols, 19 l.o., efesan, 18 l., Fitzer, 73 r.u., gunschi, 50 l.u., Harald007, 33 l.u., hsvrs, 66 l.o., lissart, 52 l.u., 55 u., 58 l., MirkaMoksha, 38 r.o., moonmeister, 29 u., mtig, 18 r.u., OliverChilds, 47 l.o., pancaketom, 32 r., 57 r., PPAMPicture, 5 r., RMAX, 23 u., RobertKacpura, 50 l.o., RobLopshire, 59 l.u., RyersonClark, 59 r.o., ScottOrr, 65 r.u., tainted, 21 m., venturecx, 24 r.o., Yukosourov, 61 l.u.
Mauritius Images, Mittenwald: 14 l., 14 r.u., 66 l.u., 68 u., 72 l.u.
polylooks.de: Zoonar/Günter Slabihoud, 51 l.o.
www.fotolia.de: 3desc, 76 l.o., Alex, 28 r., Andrushko, Galyna, 71 l.u., anna, 3, 10 r.u., b_sonders, 33 r.o., Bapic, 37 r., Bardyszewski, Andrzej, 75 r.o., Bernd S., 63 l.u., Bogdan, Ionescu, 43 r.o., by-studio, 71 r., Charles Harton, 27 u., demarfa, 65 r.o., Dietrich, Marc, 28 l.o., 52 r., Digipic, 33 l.o., Dinostock, 5 u., Downunderphoto, 74 l., Dumont, Dominique, 8 l., Durst, Otto, 38 l.u., Falk, 63 l.o., FKS, 28 l.u., Fons, Laure, 68 o., Franzmann, Peter, 44 r., Galyn, 71 l.o., Graça Victoria, 59 r.u., Gräf, Stefan, 36 r.u., Gruber, Konstanze, 29 l.o., HAKOpromotion, 21 l.o., hazel proudlove, 15 l.o., Holasová, Miroslava, 60 l., Igor Profe, 10 r.o., iMAGINE, 24 l.o., Impala, 4 r.o., 4 l.u., 35 l.o., jakezc, 62, jcm, 64 l.o., Kaputtknie, 46 r.o., koehler, andy, 50 r., koi88, 48 r.o., Kröger, Bernd, 9 o., Kunstmann, Oswald, 18 r.o., kw-on, 26 r.u., Lavrentev, Sergey, 58 r.u., LianeM, 7 u., LVI, 74 r., Maguire, Paul, 69 r.u., Malykh, Anton, 7 o., Maria.P., 25 m., MAXIME, 75 u., Meckpommi, 27 r., NaDi, 43 r.u., Ochs, Edith, 43 l.o., 44 l.o., 52 l.o., 54 l., 61 r., Oliverel, 30 l., Only Fabrizio, 56 o., 58 r.o., Paul, Moore, 72 l.o., Petersen, 27 l., Pheby, Barbara, 39 l.u., Photomic, 73 r.o., Phototom, 4 l.o., 4 r.u., Planch,e thierry, 36 r.o., Prinzlinse, 69 l.o., Reika, 8–9 (Edelsteine), ReSeandra, 45 r., 69 r.o., RoHe, 6 l., Sargeant, Rick, 75 l., Schäfer, Elvira, 46 r.u., Schaltwerk, 20 u., seculic, kristian, 78 u., sennah0815, 49 l., senoldo, 19 u., Simiridium, 35 l.u., Staib, Wolfgang, 47 l.u., 60 r., Starpics, 12 r., Steininger, Andreas, 78 o., Subbotina, Anna, 15 l.u., Szasz-Fabian, Iosif, 11, Szlowieniec, Grzegorz, 17 r.u., Tbcgfoto, 39 l.o., thegarden, 17 r.o., Thill, Raymond, 19 r., thongsee, 35 r., Tony, 77, Tub, 76 r., Unclesam, 26 r.o.v, Urbanczyk, Dariusz, 44 l.u., visionarymoments, 41 o., VRD, 51 l.u., Vulkanisator, 6 r., 17 l.
www.pixelio.de: Bouda, Klaus, 36 l., 51 r., Fischer, O., 45 l.u., Hofschläger, Stephanie, 5 l., Klausi, 42 o., Lanznaster, Maria, 24 l.u., Marx, Paul, 9 u., Müller, Thomas-Max, 16 u., Ochs, Edith, 45 l.o., 54 r.o., Schönemann, Gabi, 13 l., Schütz, Dieter, 15 r., 37 l.o., Schulz, Bärbel, 38 l.o., 47 r., 48 l.o., Sturm, Rainer, 30 r.u.
Sonstige: Urheber: Aerlettel; Lizenz: cc-by-sa, 31 u./Urheber: Der Messer, 12 l.o., 30 r.o., Urheber: Didier Descouens, 49 r.o., Urheber: Gunnar Ries; Lizenz: cc-by-sa, 32 u., Urheber: Lysippos; Lizenz: cc-by-sa, 16 l.o., Urheber: Piotr Sosnowski; Lizenz: cc-by-sa, 31 l.o., Urheber: Ra'ike; Lizenz: cc-by-sa, 37 l.u., 41 u., Urheber: Siim Sepp; Lizenz: cc-by-sa, 14 r.o., Urheber: Wilson44691, 13 o.